attribué à Ange Goudar. Voy. Quérard.

L. 460

L

L'AUTORITÉ

DES

ROIS DE FRANCE

EST INDÉPENDANTE DE TOUT CORPS POLITIQUE;

Elle étoit établie avant que les Parle-
mens fussent créés.

A AMSTERDAM.

M. DCC. LXXXVIII.

PRÉFACE.

QUoique les Rois ne doivent rendre compte de leurs actions qu'à Dieu, de qui ils tiennent leur Trône, & que le seul acte de leur volonté les justifie aux yeux de l'Univers ; il est néanmoins des coups d'autorité qu'ils ne sauroient frapper sans les mettre en évidence, sans quoi on pourroit les soupçonner d'abuser de la Souveraineté, ce qui est pour un Prince le dernier des malheurs après celui de passer pour Tiran.

L'Histoire des Trônes est presque toujours défigurée ; cela vient de ce que l'on attend ordinairement que les Monarques qui les occupent ne soient plus, pour exposer les motifs qui les ont fait agir ; c'est-à-dire dans un tems où il est rare qu'ils trouvent de fidèles interprètes de leurs volontés. Lorsque cette génération sur laquelle ils regnent est éteinte, on ne prononce guère que sur les événemens de leurs tems, sans remonter aux causes premieres, ce qui pour le remarquer en passant, a mis souvent de bons Rois à la place de mauvais Princes. Le Parlement de Paris, avant ces demêlés avec la Cour, ayant voulu prouver que son autorité étoit supérieure à celle du Prince, il a semblé vouloir

prouver deux chofes : l'une qu'il tenoit à la Monarchie par des prérogatives fondamentales ; &
l'autre qu'il étoit inftitué pour le maintien de
l'ordre public.

Pour détruire le préjugé fur lequel il établit
fes prétentions, il a fallu avoir recours aux pieces
originales. C'eft-à-dire chercher dans l'édifice
de la Monarchie ceux qui ont été fes premiers
fondateurs, & par quelle main a été élevée fa
puiffance. Je porte mes regards fur la fucceffion
de nos Rois. Je jette un coup-d'œil en paffant
fur le Clergé & la Nobleffe ; je les trouve des
Corps féparés du Trône. Je viens enfuite au Parlement de Paris ; il eft venu après la Monarchie : ce n'eft qu'un Tribunal de Juftice. Je parle
de fon origine, je paffe enfuite à fes ufurpations,
aux défodres qu'il a caufés dans l'Etat, à fes
entreprifes fur l'Autorité Royale.

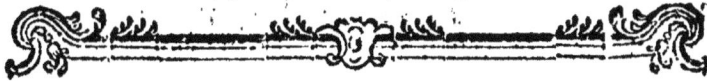

TABLE

DES

CHAPITRES.

Fin de la Table.

L'AUTORITÉ

L'AUTORITÉ

DES

ROIS DE FRANCE.

CHAPITRE PREMIER.

Entreprises du Parlement sur l'Autorité Royale.

APRÈS douze fiecles révolus d'un Gouvernement dont la fupériorité eſt reconnue de tout l'Univers, il eſt venu dans l'eſprit d'une Compagnie de Magiſtrats établis pour adminiſtrer la juſtice, de mettre des bornes à cette même autorité, dont la France a tiré juſqu'ici toute ſa grandeur. Ce Corps vient de déſobéir à Louis XVI, le Succeſſeur de ces Rois dont les exploits glorieux ſont gravés au Temple de mémoire; de ces Rois qui ont rompu les premieres chaînes des François, & qui d'un Peuple eſclave en ont fait une Nation libre,

A

en un mot de ces Rois qui ont élevé la Monarchie au plus haut dégré de splendeur où elle ait pu parvenir.

Des voix sombres & obscures sont sorties du fond des bancs établis pour juger les procès des Citoyens, & elles se sont fait entendre du Trône, & ont monté jusques dans la plus haute région de la Monarchie.

Enfin qu'est-ce que ce Corps de Magistrats qu'on voit aujourd'hui aux prises avec la Souveraineté en personne, qui fait des efforts pour rendre son autorité indépendante de celle du Prince, qui cherche à faire ravaler la Royauté, en voulant la faire descendre jusqu'à lui?

Qu'est-ce que ce Tribunal, qui n'épargne rien pour changer la Constitution fondamentale, & élever une République sur les débris de la Monarchie?

En un mot, qu'est-ce que ce Parlement qui se roidit contre les ordres de son Maître, qui enseigne aux sujets à désobéir au Roi? Étrange révolution qui a obligé Louis XVI à se servir de son pouvoir, pour prévenir les coups qu'on veut porter à sa puissance.

Rien n'est plus dangereux dans un Gouvernement monarchique, que des Magistrats établis pour maintenir l'ordre public, soient les premiers à le troubler. Le spectacle que ce Tribunal donne à la France & à la République générale, est d'un genre nouveau. L'Histoire cite bien quelques Juges particuliers qui se sont écartés de leur devoir, mais on ne lit nulle part dans les Annales de l'Europe, que des Corps de Magiftrats fe foient oubliés pour devenir rébelles unanimement à leur Souverain. C'eft un malheur unique qui étoit réfervé pour la France.

Voici une autre prévarication dangereufe, je veux parler de ces repréfentations dont ce Corps a inondé le Royaume. Il faut bien être fur fes gardes pour ne pas fe laiffer furprendre. On diroit que c'eft l'efprit du Patriotifme lui-même qui a dicté ces écrits, tant on y parle de fang-froid, tant on y plaide la caufe des fujets, tant on s'intéreffe pour la profpérité de la Couronne, tant on y envifage l'avantage du Gouvernement, tant on y montre d'ardeur pour le bien public, tant on y affecte de refpect & de foumiffion pour les Ordres du Roi.

Comme ces pieces font écrites avec beaucoup d'art, elles féduifent beaucoup de gens. Il ne vient pas dans l'efprit que toute cette éloquence foit là pour fouffler le feu de la difcorde, & que tant de foumiffion tend à la rébellion. Mais le plus difficile à comprendre eft cette réfignation à l'exil, cet abandon de fa famille, cet éloignement de la fociété, cette retraite loin de la Capitale, ainfi que du luxe & des amufemens qui y font attachés.

Il faut avoir ici une grande connoiffance du cœur humain pour déméler ces refforts cachés, qui dans cet éloignement des aifes & des commodités de la vie, font agir ces Magiftrats rébelles. L'amour-propre, ce Prothée qui prend toutes fortes de formes, & qui fe

montre fous toutes fortes d'afpects, ne jouit jamais tant que lorfqu'on le dépouille de tout.
C'eft alors que l'orgueil de l'homme eft plein,
& que le renoncement aux honneurs eft pour
eux une jouiffance.

On fe regarde comme des victimes dévouées
au bien public, on fe fait gloire d'une fermeté
& d'une conftance à l'épreuve de l'exil. De
cet anéantiffement même, nait un je ne fais
quel héroïfme, qui tient lieu de rang & de
diftinction. On fe voit dans l'état préfent, on
s'admire dans l'âge à venir; on fe dreffe un
autel à foi-même, efpece de philofophie d'autant plus dangereufe, qu'elle fe cache fous les
apparences des vertus Citoyennes. Le mal feroit moins grand fi ces Magiftrats n'afpiroient
qu'à fe faire admirer, forte de délit d'autant
plus raffiné, qu'on ne le foupçonne pas. Il
n'eft pas queftion de moins que de faire foupçonner la juftice du Prince, que de perfua-
der au Peuple qu'il exige plus qu'on ne doit
lui donner, que les impôts font des vexations
tyranniques, au-lieu de droits légitimes, &
infinuer par-là que la France eft mal gouver-
née, ce qui de tous les crimes de Lèze-Majefté eft le plus repréhenfible; en effet que
refte-t-il à des fujets à qui on a fait perdre
l'amour pour leur Roi, que la haine pour
fa perfonne, le mépris pour les Loix, & la
défobéiffance à fes Arrêts. De tout cela à la
rébellion il n'y a qu'un pas à faire.

Les premieres vertus des Magiftrats font
la foumiffion & l'obfervance aux ordres du

Souverain. Lorſque les Cours de juſtice s'é-
cartent de leur devoir, les ſujets ſuivent leur
exemple; le trouble & la confuſion entrent dans
l'Etat par la porte qu'ils viennent eux-mêmes
d'ouvrir. Chaque Citoyen reſſemble à un eſclave échappé de la maiſon de ſon maître.
Nous allons remonter à des principes pour
prouver que le Parlement n'a pas le droit qu'il
cherche à s'arroger.

CHAPITRE II.

Etabliſſement de la Monarchie Françoiſe.

Il y a pluſieurs opinions ſur l'établiſſement
de la Monarchie Françoiſe. Les uns prétendent
que nos premiers Souverains n'étoient que les
Chefs de quelques aventuriers ; les autres ont
dit que nous avions des Rois, avant que Clovis le fût.

M. l'Abbé Dubois ne veut pas que les
Francs ſoient entrés dans la Gaule en conquer-
rans : il prétend que nos Monarques ont été
appellés par les Peuples, & qu'ils n'ont fait
que ſuccéder aux droits des Empereurs Romains. Mais tous les Auteurs s'accordent ſur
ce point qu'à leur avénement au Trône, ſoit
qu'ils y aient été élevés par le Peuple, ou
qu'ils y aient monté d'eux-mêmes, il n'y eut
aucun Corps politique qui, en traitant avec eux,

fe réfervât quelque branche de l'autorité. Pour que quelque Corps fe la refervât, il faudroit fuppofer pour cela une République déjà établie, qui en cédant une partie de la puiffance légiflative, fe fût réfervée l'autre : chofe qui ne fe prouve par aucun monument de l'Hiftoire. On fait au contraire que lorfque nos premiers Souverains regnerent fur les Gaules, toute la Nation étoit Peuple, & tous les Peuples étoient ferfs. Or, on ne contracte pas avec des ferfs, foit qu'on en faffe la conquête, ou qu'ils fe donnent eux-mêmes un Maître.

CHAPITRE III.

Que la Nobleffe, les Etats-Généraux & le Clergé qui n'étoient point établis en Corps ne traiterent point avec nos Rois; & qui à caufe de cela ne pouvoient fe réferver aucune autorité.

M ONSIEUR de Montefquieu prétend qu'il y avoit des Grands en France, avant que la Monarchie fût parvenue à la grandeur; c'eft-à-dire, une Nobleffe d'origine, fans nous dire d'où elle tiroit fa première fource.

Ces Nobles ne pouvoient être que des ferfs affranchis. Or l'affranchiffement pouvoit bien donner la liberté, mais non pas la Nobleffe,

ce qui se prouve par cette apostrophe de Ja-
gan contre Hebon, que Louis-le-Débonnaire
avoit tiré de la servitude pour le faire Archevêque de Rheims, apostrophe que le même
Auteur rapporte. ,, Quelle récompense, *lui dit*
l'Empereur, ,, a-t-il reçu de tant de bienfaits?
,, Il t'a fait libre & non pas noble, il ne pou-
,, voit pas te faire noble, après t'avoir tiré
,, de la servitude. "

Ce qui a fait prendre le change à bien des
Auteurs modernes sur cette première Nobleffe, c'est qu'on a pris les nouveaux ordres
de Citoyens pour des qualités qui rendoient
nobles ; ce qui est une conséquence tirée d'un
faux principe.

Etablissez un Souverain & une Cour chez
une Nation où tout le monde étoit égal auparavant, & vous aurez bientôt des rangs &
des distinctions, ne fût-ce que pour les charges & les emplois que le Prince donne à rem-
plir à ses sujets. Mais ce n'est point dans la
maison d'un Roi qu'on acquiert la Noblesse ; ce
n'est qu'à la guerre & en rendant des services à
l'Etat ; mais ces services n'emportent pas avec
eux le partage de l'autorité Royale. Si elle en
émanoit, la Noblesse seroit moins Noble, parce
que le Roi seroit moins Roi.

Il fallut attendre l'établissement des fiefs
pour voir naître ce Corps distingué, auquel on
donna le nom de Noblesse : en effet comment pouvoit-il y avoir des Seigneurs, avant
qu'il y eut des Seigneuries? Je ne dis pas
qu'il n'y eut des hommes distingués dans le

Royaume. Par-tout où il y a des Rois, il y
a une claffe particuliere d'hommes qui s'élevent au-deffus des autres, mais je dis qu'il
n'y avoit point de Corps de Nobleffe en titre; premiérement parce que le tems lui manquoit, & qu'on n'eft Noble qu'après une cer-
taine révolution de fiecles; fecondement
qu'elle n'avoit acquis aucune prérogative dif-
tinctive. Ainfi il eft clair que la Nobleffe ne
fubfiftoit pas à la formation de la Monarchie, & par conféquent ne pouvoit pas partager l'autorité Souveraine.

On a de la peine à s'accoutumer à cette
vérité, depuis qu'on a établi cette maxime :
*point de Monarque, point de Nobleffe ; point de
Nobleffe, point de Monarque.*

Je ne dis point que la Nobleffe n'ait acquis
de grands Privileges, & qu'elle n'entre aujour-
d'hui dans l'effence du Gouvernement : mais
je dis feulement qu'il n'en étoit pas ainfi dans
fon origine & que ceux qu'elle a acquis n'entrent point dans la Conftitution fondamentale.

Ceux qui ont voulu former une nouvelle
Jurifprudence Royale fur les fiefs & les affo-
cier à l'Empire, n'ont pas bien rencontré. Ils
n'ont pas vu que cet établiffement étant venu
après celui du Trône, tout y eft ufurpé, même
ce que la foibleffe des Souverains lui ont accordé ; car nos Rois ne pouvoient pas affoiblir la Couronne en donnant trop d'autorité
aux fujets, qui par la nature de la conftitution
Monarchique, ne doivent être que fujets, &
toutes les fois qu'ils font quelque chofe de
plus, ils ébranlent l'Etat. Ainfi on peut voir

dans l'Hiſtoire de France les maux que cette
puiſſance d'emprunt, accordée à des hommes
qui ne devoient point en avoir, y cauſa. Toutes
ou preſque toutes nos guerres civiles prirent
naiſſance de cette ſource.

Reſte le Clergé. Le ſecond de nos Rois
s'étant fait Chrétien, il eſt certain que le Gouvernement ſpirituel influa beaucoup ſur le
temporel; mais cet aſcendant, quoiqu'on en
diſe, étoit alors ce qu'il eſt aujourd'hui, où
l'on parle toujours de l'aſcendant que le
Clergé a ſur les Rois, mais qui dans le fond
n'en a aucun.

En un mot, on ne trouve aucun monument
dans l'Hiſtoire de France qui prouve que la
Nobleſſe, le Tiers-Etat & le Clergé puſſent diſputer quelque branche de l'autorité Royale,
encore moins le Parlement dont on ignoroit
juſques au nom.

CHAPITRE IV.

Que les Rois des trois Raçes ont établi
la puiſſance telle qu'elle eſt, indépen-
damment d'aucun Corps Politique.

LE Trône ſur lequel ſont aſſis aujour.
d'hui nos Rois eſt de leur inſtitution; c'eſt
leur ouvrage; ils n'ont appellé à leur ſe-
cours aucun Corps politique, tout l'édifice
eſt de leur main, il faut en examiner l'en-
ſemble pièce à pièce.

CHAPITRE V.

*Que les trois Races de nos Rois ont donné
à la France cette puissance dont elle
jouit aujourd'hui.*

JE supplie qu'on me passe ce trait d'Histoire, je n'en eus point embarrassé la tête du
Lecteur, si je n'entreprenois de prouver que
nos Rois ont fait le Trône sur lequel ils sont
assis. Ce morceau de nos Annales entre dans
le plan de cet Ouvrage. Ce n'est point ici
l'Histoire des Rois de France, mais de ceux
qui ont contribué à sa grandeur. On n'ignore
pas qu'il y en eut une longue suite qui ne
firent rien pour le Trône. Mais on sait aussi
qu'il y en eut un bon nombre qui firent beaucoup. Si aucun Corps politique n'a mis la
main à ce vaste édifice, comment les Parlemens peuvent-ils réclamer quelque branche
d'une autorité qui leur est étrangère ?

Pharamon qu'on met à la tête de nos Rois,
est si ignoré de la Nation qu'il ne forme
presque point d'époque dans nos premieres
Annales. On est mieux instruit de ce que fit
Clovis pour la France. Ce Prince fait la conquête de la Cité de Tongres ; il gagne plusieurs batailles ; les Allemands sont défaits
par ses Troupes près de Cologne. Il joint

plufieurs Etats à fa domination , & augmente
par-là la puiffance de la France. Ce Prince
fe fait Chrétien , c'eft le premier Souverain
qui foit devenu Catholique dans l'Empire
d'Occident. Il gagne la bataille des Bouglies
qui le rend Maître de tous les Pays depuis
la Loire jufqu'aux Pyrénées.

Après la mort de Clovis , qui avoit quatre
fils , la France eft divifée en quatre Royau-
mes ; chacun de ceux-ci veut regner & chaque regne allume une guerre civile : mais
ces divifions n'affoibliffent pas la Monarchie ;
fa puiffance commence à être inébranlable.

Clotaire qu: eft le vainqueur regne feul ;
il réunit à la Couronne tous les Etats qui
en avoient été démembrés : mais il eft encore partagé par fes enfants ; car on n'a pas
encore imaginé la fucceffion au Trône par
droit d'aîneffe.

Clotaire s'empare du Trône. Ce Prince fait
des Rois , il diftribue des Couronnes (1),
preuve de fa fupériorité de tous les Etats de
ce tems-là.

Dagobert I continue à diftribuer le Sceptre. Il fait fon fils Sigebert Roi d'Auftrafie.
Il faut toujours fe fouvenir que nos premiers
Monarques ne font pas aidés dans aucune de
leurs entreprifes par aucun Corps politique.

Les Maires du Palais s'établiffent fur le

___

(1) Il donne l'Auftrafie & la Neuftrie à Dagobert
fon Fils, avec le titre de Roi.

Trône, fans affoiblir la Monarchie. Tous les coups portent fur la Maifon Royale, & aucun fur le Royaume. C'eft que lorfqu'un grand Corps politique eft formé, il va par fon propre mouvement.

Pepin paroît, il regne par fa charge à la place des fils de Dagobert ; de pere en fils ils héritent de la Couronne. Sans la porter enfin, Pepin eft proclamé Roi de France : il ne lui manquoit que ce nom, le Pontife le lui donne ; car dans ce tems-là, les Papes faifoient des Rois, fans être eux-mêmes Gentilshommes.

Charlemagne naît. Ce Prince prodigieux donne un nouveau luftre à la Couronne. Les Rois fes Prédéceffeurs ont préparé fa grandeur. Il établit fa puiffance. Une guerre de trente ans qu'il fait aux Saxons étonne l'Univers. L'Europe voit en lui un Prince hardi, courageux, ferme, entreprenant, qu'aucun danger n'arrête, qu'aucun péril n'étonne. Il ne met bas les armes qu'après avoir vaincu le Prince le plus fier & le plus obftiné de la terre.

Il bat Didier, & après fa défaite, il fe fait couronner Roi des Lombards. Le Pape Adrien I, le fait Patrice : l'Hiftoire prétend même qu'il prit le titre de Roi des Romains ; il eft certain du moins qu'il fit battre monnoie dans cette Capitale du monde Chrétien.

Comme Protecteur de toutes les Couronnes de l'Univers, il paffe en Efpagne pour rétablir Ibince-Lazabi dans fes Etats. Tous les

Peuples fur fon chemin lui rendent homm-
mage. Il fait fon fils Louis Roi d'Aquitaine
& Pepin Roi des Lombards. Les Bretons
font fubjugués. Le Duché de Baviere eft réuni
à la France. Ses Généraux battent les Huns
& les Abares ; il fait mieux que de combat-
tre les hommes, il les éclaire.

La deftruction de l'Empire Romain répand
d'épaiffes ténebres fur la furface de la terre.
On ne fait plus ni lire ni écrire. Charlemagne établit des écoles où fes fujets vont s'inftruire. Il fait venir à fa Cour des Savans de
tous les coins du monde. Ainfi nos Rois de
la feconde race établiffent non - feulement la
puiffance des François, mais font encore les
reftaurateurs des lettres ; gloire fupérieure à
celle des armes. Ils forment le plus grand projet qui foit jamais entré dans la tête d'un Monarque protecteur du monde ; la communica-
tion de l'Océan & du Pont-Euxin, en joi-
gnant le Rhin au Danube. Il fait plus ; il
cherche à détruire la fuperftition (1) parmi
fes fujets, entreprife digne d'un grand Roi.

Ce Prince eft couronné Empereur d'Occident. La France joint au premier diadême
des Rois celui de l'Empereur Romain. Un
Auteur moderne (2) s'eft plû à en faire l'é-
loge. On ne peut rien ajouter à fon portrait.

_____

(1) Charlemagne défend qu'on fe ferve de l'Evangile pour expliquer ce qu'on appelloit alors le fort des
Saints.

(2) Montefquieu dans l'Efprit des Loix.

(14)

,, Vaſte dans ſes deſſeins, ſimple dans l'exé-
,, cution, perſonne n'eut à un plus haut de-
,, gré l'art de faire les plus grandes choſes
,, avec facilité & les plus difficiles avec
,, promptitude. Il parcouroit ſans ceſſe ſon
,, vaſte Empire, portant par-tout la main où
,, il alloit tomber. Les affaires renaiſſoient
,, de toute part, il les finiſſoit de toute part.
,, Jamais Prince ne ſut mieux braver les dan-
,, gers, jamais Prince ne les ſut mieux évi-
,, ter. Il ſe joue de tous les périls, & parti-
,, culiérement de ceux qu'éprouvent preſque
,, toujours les grands conquérans, je veux
,, dire les conſpirateurs. Ce Prince prodigieux
,, étoit extrêmement modéré, ſon caractere
,, étoit doux, ſes manieres ſimples. Il mit
,, une regle admirable dans la dépenſe; il
,, fait valoir les domaines avec ſageſſe & éco-
,, nomie. Un pere de famille pourroit ap-
,, prendre par ſes loix à gouverner ſa Mai-
,, ſon ".

Charlemagne meurt, ſes vertus s'enſévéliſ-
ſent avec lui dans le même tombeau. La terre
n'a plus de protecteur, l'Univers ſe couvre
d'une épaiſſe nuit. Il eſt humiliant pour le
monde entier, que toute l'humanité devienne
groſſiere & ignorante, parce qu'un homme
n'exiſte plus. Il n'eſt pas aiſé de dire par
quelle fatalité les grands Princes n'ont point
de Succeſſeurs. Ils diſparoiſſent de ſur la terre
avec toute leur gloire. Leurs fils n'héritent
point de leurs qualités, encore moins de leurs
vertus. On diroit que la nature en les créant

a fait un effort, & qu'elle a besoin de repos
après les avoir mis au monde.

C'est à ce malheur qu'il faut attribuer cette
longue suite de vicissitudes qui désolent la
terre. Quoi qu'il en soit, on ne trouve point
dans les fastes du monde deux Rois Succes-
seurs, de peres & de fils qui se ressemblent
en tout point.

Louis-le-Débonnaire monte sur le Trône,
ce Prince a des qualités ; mais la fermeté, cette
premiere vertu des Rois lui manque ; sa pé-
nitence publique affoiblit l'Empire, il est dé-
pouillé du diadême, ensuite rétabli sur le
Trône par le crédit des Moines. Un Empereur qui a besoin d'un tel secours pour recou-
vrer sa Couronne ne mérite pas de la porter.
Si le cœur humain n'étoit un énigme impéné-
trable, on n'imagineroit pas que ce Roi avoit
tant de foiblesse dans le cœur & souvent une
ame forte & courageuse. Il se met à la tête
de ses armées, où avec une ardeur héroïque
il bat ses fils qui veulent le dépouiller de ses
Etats.

Les trois fils de Louis se partagent l'Empire que Charlemagne a possédé lui seul.

Les Normands paroissent & dévastent la
France, sans que l'Empire puisse s'y opposer, c'est qu'il y a trop de Princes & pas assez
de Rois.

L'Empereur Lothaire meurt en habit de
Moine ; il croit faire oublier par-là, qu'il a
été la cause du malheur du monde. C'est ainsi
qu'on se couvre du manteau de la Religion

pour commettre les plus grands crimes. L'é-
lection au Trône de l'Empire devient si obf-
cure qu'on doute fi Carloman, fils de Louis
le Germanique, a été Empereur. Ainfi la premiere dignité de l'Univers a le fort de toutes les autres chofes de ce monde, qui fixent
l'attention des mortels dans un tems & tom-
bent dans l'oubli dans un autre.

Charles-le-Gros monte fur le Trône ; ce
Monarque eft dépofé folemnellement de la dignité impériale. C'eft un fpectacle pour l'U-
nivers de voir un fils de Charlemagne dépof-
fédé d'une Couronne que fon pere avoit portée avec tant de gloire. Je ferai ici une réflexion
qui rentre dans mon fujet. S'il y avoit eu alors
en France un Corps politique avec droit d'op-
polition ou de repréfentation, eût-il fouffert
tant d'ufurpations, & ne fe fût-il pas oppofé
à ces guerres civiles qui défoloient les peuples ?

Le regne de Lothaire eft remarquable en
ce que le Sceptre n'eft plus partagé entre les
freres.

Ce Prince joint à la Couronne de France
le Duché de Bourgogne, dont il inveftit fon fecond fils. Henri I regne, mais avant de mettre la Couronne fur fa tête, il faut qu'il com-
batte Robert fon frere cadet qui la lui difpute.

Cependant la France fe rétrécit toujours,
nous la verrons de nouveau étendre fes fron-
tieres, & dominer fur les plus grands Etats
de l'Europe. C'eft encore ici l'ouvrage de fes
Rois, indépendamment de tout Corps politique.

Ici

Ici commencent les guerres de la France & de l'Angleterre, qui ont toujours duré depuis, & qui dureront toujours. C'eſt Rome & Carthage, il faut que l'une détruiſe l'autre. La politique a dit beaucoup de choſes là-deſſus, mais elle n'a pas encore rencontrée la vraie, la voici : c'eſt que dans tous les Pays, dans tous les climats, dans tous les endroits de la terre, trois hommes doivent en battre un, qui eſt la premiere de toutes les Loix dont l'empire s'étend dans tout l'Univers.

Philippe Auguſte regne. La France lui doit des grandes conquêtes & de plus grandes vertus ; il réprime le brigandage des Grands, ce qui remédie à bien des maux.

Ce Prince gagne la bataille de Bouvines, où avec cinquante-mille hommes il défait l'armée de l'Empereur Othon. C'eſt un Evêque qui eſt Général dans cette affaire, car l'Epiſcopat alors ſe mêloit de la guerre. Cette victoire donne à la France une haute réputation, qui dans l'eſprit des hommes eſt la puiſſance même.

On dit que dans cette bataille, il périt plus de cent mille hommes. Peut-être que le nombre eſt exagéré & que le nombre étoit plus petit. Mais dans ces occaſions le malheur du monde n'en eſt pas moins grand.

L'Univerſité de Paris s'établit, elle dreſſe des Statuts qui conviennent moins à une ſociété de Théologiens qu'à un Corps politique. Ces privileges ſont autant d'attentats contre l'autorité Souveraine.

B

Cette école se souftrait aux tributs ordinaires. Ses Recteurs signent aux Traités de paix & de guerre. Comme ces attentats sautent aux yeux, ou que les Rois ont du loisir, ils les réforment.

Philippe réunit à la France la Normandie, l'Anjou, le Maine, la Tourraine, le Poitou, l'Auvergne, le Vermandois, l'Artois, Montargis, &c. &c. &c.

Louis VIII succede à ce Prince, sa politique se réduit à se mettre à couvert des entreprises d'Angleterre. C'eft la feule puiffance qu'il a à craindre, comme c'eft encore aujourd'hui la feule que nous ayons à redouter. Les Empereurs ne font grands que par intervale. L'Italie eft divifée par fes factions. Toute fa politique fe réduit aux négociations. Il y a un tems d'épuifement pour les Etats comme pour les hommes. Peut-être qu'il faudra autant d'âges à l'Italie pour rétablir fes forces, que les Romains en mirent à la former.

Louis prend la réfolution de chaffer les Anglois de la France; il prend fur eux Nice, St. Jean d'Angeli, & tout ce qui eft en deçà de la Garonne. A ces conquêtes il ajoute le Limoufin, le Périgord & le Pays-d'Aunis. Tout eft déjà préparé de loin pour fe défaire de cet ennemi. Il ne refte à foumettre que la Gafcogne & Bourdeaux, mais Rome l'engage dans une guerre qui le détourne de celle des Anglois.

La minorité de Louis IX, autrement St. Louis, eft pleine de révolutions. Le Prince

fait une ordonnance qui mérite quelqu'attention, elle fait voir du moins combien la police chez les hommes est différente d'un sie-
cle à l'autre. St. Louis commue les châtimens
du blasphême, qui auparavant étoient afflictifs
en une peine pécuniaire. Il falloit que ce vice
alors eût peu d'influence sur les mœurs. Si
on pouvoit blasphêmer aujourd'hui pour de
l'argent, ce vice regneroit aujourd'hui chez
nous d'une maniere effrénée.

Ce Prince forme la police de Paris; cet
établissement est un de ceux qui fait plus d'honneur à la France.

Philippe III prend possession du Comté
de Toulouze. Sous ce Prince on connoit mieux
les appanages des Freres ou des Oncles du
Roi. Jusques-à lui on ne les a pas distingués.

Les fiefs font tout le mal qu'ils peuvent
faire à la France, remplie de tyrans Gentilshommes qui font la guerre entre-eux ou se
liguent pour la faire au Roi. On sent le malheur d'une Monarchie où le Monarque a besoin de réunir toute sa puissance pour entre-
tenir la paix parmi ses sujets.

Philippe fit ajourner le Roi d'Angleterre
à la Cour des Pairs pour y répondre à l'ac-
cusation de Félonie contre le Roi son Seigneur. Sur son refus, son Duché de Guienne
est confisqué au profit de la Couronne, tandis que d'un autre côté la Flandre augmente
le Domaine de l'Etat. Ce Prince Philippe
est vainqueur de ce Peuple à la bataille de
Mons.

Il défend les Duels pour matiere civile.
Avant ce réglement les procès finiſſoient par
où ils commencent aujourd'hui.

Louis X , & Philippe V , laiſſent la France
dans le même état que Philippe-le-Bel l'a
laiſſée.

Charles VI rétablit l'adminiſtration des Finances. Il cherche ceux qui les ont diſſipées
& les fait mourir. Si une telle loi s'établiſſoit
aujourd'hui en France, il y auroit bien des
morts. A peine y auroit-il aſſez de Prêtres
pour les enterrer.

Voici un tems de criſe, le nom des Valois ſi fatal à la France. Le reſte de l'Europe
n'eſt pas plus heureux. Un Schiſme affreux
déſole le monde Chrétien. L'Empereur dépoſe
le Pape Jean XXII , & met ſur le Trône de
l'Egliſe un frere mineur. La plupart des Princes Catholiques prennent part à cet événement ; Jean XXII fait ſon compétiteur priſonnier & triomphe par-là de l'Empire & de
l'Empereur.

Edouard rend hommage à Philippe pour
la Guienne ; car le Roi de France ne pouvant pas encore ſe défaire des Anglois, les
accoutume à ſe regarder comme vaſſaux de
la Couronne.

Les armes à feu commencent, c'eſt une des
plus grandes époques du malheur du monde.
On a dit que les flèches, les piques & les autres munitions de guerre des anciens étoient
plus dangereuſes, mais on a mal dit. De tous
les inſtrumens mortuaires qui ont fait périr

les hommes, on n'en connoit aucun qui ait tué cent hommes d'un coup, & qui dans quelques heures ait détruit une armée entiere & réduit en cendres les plus grandes Villes.

La Souveraineté du Dauphiné & le Comté de Viennois font réunis au Trône, ainfi que la Baronnie de Montpellier cédée par le Roi de Majorque.

Charles V eft à peine fur le Trône qu'il prend les armes contre les Anglois. Il a à la fois à venger fon pere & la France. Duquefelin, dont le nom fuffit pour fe former l'idée d'un grand Général, réprend la Guienne, le Poitou, la Saintonge, le Rouergue, le Périgord, le Limoufin & le Ponthieu.

Charles fait une Trêve avec les Anglois, par laquelle il conferve tous fes avantages.

Nos Rois s'approchent de plus près du Trône, ils font majeurs à quinze ans, au lieu de vingt-deux qu'il en falloit dans la premiere & feconde Race. Changement remarquable dans notre Gouvernement. Pour connoître l'utilité de ce réglement, il fuffit d'obferver que la vie des hommes prife en général n'eft que de ving-deux ans. Suivant ce calcul, la plupart des Princes étoient morts avant que d'être Rois. Ceci eft fi exact, que fi l'on compte les années de vie de nos Souverains, depuis Clovis jufqu'à nous, on trouvera à peine ce petit nombre d'années pour chacun. On peut remarquer à ce fujet que Louis XIV & Louis XV ont occupé le Trône de fept Rois.

Il réfultoit un autre abus de ces longues minorités. Celui des Régences qui ne manquoient jamais d'abufer de l'autorité Royale. On diftinguoit la tutelle de la Régence, ce qui étoit encore la fource de plufieurs autres défordres.

Duquefclin devenu Connétable meurt. Il fait appeller les anciens Capitaines qui l'ont accompagné à la guerre. *Mes amis*, leur dit-il, *dans quelque Pays du monde que vous faffiez la guerre, fouvenez-vous que les gens d'Eglife, les femmes, les enfans & les pauvres ne font pas vos ennemis.* Belle exhortation pour un Capitaine mourant, mais qui a été perdue pour la poftérité.

Charles V eft Capitaine fans avoir les qualités qui font le Soldat. Il donne des batailles de fon Cabinet, & remporte plus de victoires que fon pere & fon grand-pere en ont gagnées l'épée à la main. Il répare les malheurs de la France ; les gens de lettres trouvent une protection auprès de ce Prince. Il prépare déjà ce fiecle éclairé qui doit rendre les François favans. Il eft le fondateur de la Bibliotheque Royale. Les plus grands établiffemens tiennent prefque toujours à de petits commencemens. Son pere lui a laiffé vingt volumes ; il en ajoute neuf cent à ceux-ci. Aujourd'hui cette Bibliotheque compofe une république immenfe de littérature ; c'eft le dépôt de toutes les fciences du monde : peut-être n'en eft-elle pas plus riche, parce qu'elle eft féconde en livres ; c'eft dans le choix des

Ouvrages qu'eſt le véritable tréſor des connoiſſances.

La minorité de Charles VI réplonge la
France dans de nouvelles viciſſitudes, on les
connoit, l'Hiſtoire en eſt remplie.

Les guerres commencent, Montargis eſt
inveſti, Orléans eſt aſſiégé, tout eſt perdu
pour le Roi Charles VII, lorſque Jeanne
d'Arc, ſurnommée la *Pucelle*, rétablit tout. A
ſon aſpect cette Ville eſt délivrée, étrange
prévention des hommes qui fait faire à l'en-
touſiaſme d'une fille, ce que le courage d'une
armée n'a pu faire! Cette Pucelle a donné
naiſſance depuis au plus beau, ainſi qu'au plus
impie de tous les Poëmes.

Cette même Jeanne-d'Arc eſt brûlée quelque-tems après; autre prévention des hommes, qui fait regarder comme ſorcière une fille
qui quelque-tems auparavant avoit paſſé pour
une eſpece de Divinité!

La guerre continue pendant quatre ans entre la France & l'Angleterre. On ſe bat de
part & d'autre ſans gain de bataille. Tout ſe
réduit à la perte des hommes, c'eſt ainſi qu'on
ſe fait la guerre depuis les Romains.

La paix eſt faite à Arras, le Traité eſt ſi-
gné dans la plus auguſte Aſſemblée qui ait
jamais été réunie dans notre monde, depuis
que l'Europe eſt civiliſée.

Charles VIII aſſiege Poitiers, & s'empare
de cette Ville ſur les Anglois, il ſe rend le
Maître du Comté de Comminges. Le Dauphin force le brave Tulbot.

Tandis que tous ces événemens se passent en France ; le Roi passe en Italie, où il reçoit l'investiture de l'Empire de Constantinople par Paléologue. Jamais cession n'a été plus équivoque ; car l'un donne plus qu'il ne peut, & l'autre reçoit plus qu'il ne doit. Ce Prince délivre la Ville de Pise du joug des Toscans, mais ce petit Etat est trop foible pour rester libre.

Charles entre victorieux à Naples, il y paroît en Empereur, ou du moins habillé comme l'étoient les Empereurs. Il ne met que six mois à faire tant de choses. Mais ce qu'on fait dans peu, finit dans peu. Toute l'Europe se ligue pour chasser ce Monarque d'Italie. Les Vénitiens qui craignent le plus, se dépêchent de s'unir aux autres Puissances.

Louis XII regne après Charles VIII. Ce fut lui qui dit *que le Roi de France ne vengeoit pas les querelles du Duc d'Orléans* : belles paroles qui aprennent aux Souverains à ne pas conserver du ressentiment sur le Trône.

Il n'étoit guerre probable que les François repassassent en Italie, après les malheurs qu'ils y avoient éprouvés : mais le probable arrive rarement en politique. Louis de Luxembourg fait la conquête du Milanois en vingt jours. Le Roi y fait son entrée, & nomme un vice-Roi. Gênes n'attend pas qu'on le force, elle se soumet. La France & l'Espagne conviennent ensemble d'envahir le Royaume de Naples ; Il n'est pas surprenant que ces deux Puissances se soient accordées pour s'emparer

de cette Monarchie, mais il l'eſt qu'elles le
ſoient ſur le partage, pierre d'achopement de
toutes les conquêtes ; auſſi ce Royaume
échappe-t-il à l'une & à l'autre.

Cette même Gênes qui depuis ſa fondation
s'eſt donnée en Spectacle à l'Europe, par l'hu-
meur inquiete de ſes Habitans, ſecoue le joug
de la France. Louis paſſe les monts & vient
les ſoumettre de nouveau. Il valoit mieux les
abandonner à leur tempérament changeant.
Il y a des Peuples qui ne valent pas la peine
d'être conquis.

La Ligue de Cambrai ſe forme : la politique générale l'a imaginée pour affoiblir les
Vénitiens qui, à force de temporiſer, ſe trouvent à la fin les plus forts. C'eſt ainſi que
la modération & la patience l'emportent ſur
la force des armes. Cette République n'emploie
d'autre politique que celle du tems, qui doit
à la fin la faire rentrer dans tous ſes droits.

Louis en ſe retirant d'Italie conſerve le
Château de Milan, celui de Novarre & de
Crémone. Ce ſont trois portes qu'il laiſſe ou-
vertes à ſes troupes pour y rentrer. La Maiſon d'Autriche les a formées depuis.

Machiavel accuſe ce Prince d'avoir fait
cinq fautes capitales dans ſon expédition d'I-
talie, d'avoir ruiné le foible, d'avoir augmenté la puiſſance d'un puiſſant, d'y avoir
invité un étranger trop fort, d'y être venu
demeurer, de n'y avoir pas envoyé des Co-
lonies. Il oublie la plus grande, celle d'y être
venu faire la guerre. Il finit ſes jours en

penſant à une nouvelle expédition ſur le Milanois.

François I n'eſt pas plutôt ſur le Trône qu'il
forme le même plan ; il n'a d'autre allié que
le Vénitien.

Le Duc de Savoie eſt trop foible pour lui
diſputer le paſſage des Alpes. Aujourd'hui
cette Maiſon a la clef & la porte. Il gagne
la fameuſe bataille de Marignan, qu'on a
nommée depuis *le combat des Géants.* Sforce
eſt forcé à lui faire la ceſſion du Milanois.
Après cette expédition le Roi ſe retire en
France ; ſi quelque choſe peut juſtifier ſon
Souverain d'une expédition au loin, c'eſt un
prompt retour dans ſes Etats.

Jamais Prince ne fit plus de Traités, & ne
contracta plus d'alliances ; c'eſt que François
veut eſſayer ſi la paix ne le rendra pas plus
puiſſant que la guerre ; eſſai qui réuſſit ſi bien
à Auguſte & qui le rendit le plus grand Empereur de l'Empire Romain.

Le Milanois échappe de nouveau à la France. Le Roi entre encore en Italie, malheureuſe
expédition qui le conduit à la bataille de Pavie,
où il eſt fait priſonnier.

Après cette défaite des François, on repro-
che à Charles-Quint deux fautes conſidéra-
bles ; l'une de n'être pas entré en France les
armes à la main, l'autre d'avoir trop mar-
chandé ſur la rançon du Roi ; mais il eſt rare
que la conduite des Souverains ait une ap-
probation générale ; on les condamne ſouvent

pour le mal qu'ils font & pour le bien qu'ils ne font pas.

La Sainte Ligue fe forme : on l'appelle ainfi, parce que le Pape en eft le Chef. Il eft queftion d'empêcher l'Empereur de s'emparer du Milanois. La domination de la France ne donne que des foupçons aux Italiens, au lieu que celle de l'Empire augmente leur crainte.

On a dit de Charles-Quint & de François I, que l'ambition de ces deux Princes avoit caufé la ruine de plufieurs millions d'hommes. On peut croire que le défir qu'ils eurent de s'agrandir, fit bien du mal, mais les circonftances en cauferent davantage. C'étoit un tems où les efprits commençoient à être éclairés, & c'eft toujours celui que la politique prend pour troubler le monde. Tant de gens qui cherchoient à faire fortune affoibliffent celle des Etats. Le culte entre dans le plan de la politique. Les Proteftans, fous prétexte de la caufe du Ciel, ruinent les affaires de la terre.

Au milieu de ces divifions, la France s'agrandit. La Bretagne eft unie au Domaine de la Couronne.

François I fe fentant malade, s'occupe de l'adminiftration. On dit qu'Alexandre faifoit l'amour lorfqu'il n'avoit point d'affaire. Le Roi de France ne s'applique aux affaires que lorfqu'il n'eft plus en état de faire l'amour. C'eft alors qu'il faudroit les abandonner, car les infirmités du corps qui paffent à l'efprit, gâtent tout.

La France gagne la bataille de Cerifolles.

On a écrit que le Comte d'Enguien qui la gagna, essaya deux fois de se tuer, parce que la bravoure de ses troupes n'étoit pas par-tout la même. Il faut connoître bien peu les hommes pour vouloir que dans une armée le dégré de bravoure ne se démente nulle part.

Il est dit dans plusieurs livres qu'il n'a manqué à François I, pour être le premier Monarque de son tems, que d'avoir été heureux. C'est faire mal l'éloge d'un grand Roi ; le bonheur & le malheur ne sont que de nom. Un Prince malheureux est toujours un Prince prudent. La France lui doit le rétablissement des lettres ; sans lui, nous serions moins savans, mais peut-être en serions-nous plus heureux. Car telle est la fatalité de l'espece humaine, qu'à mesure que l'esprit s'éclaire, le cœur se corrompt.

Henri Second n'est pas plutôt sur le Trône, qu'il renouvelle le Traité d'alliance avec les Suisses. Cette Nation qui s'est vendue depuis pour de l'argent à tous les Princes de l'Europe qui ont eu à se battre, avoit été souvent dangereuse à la France, mais qui quelquefois l'avoit aidée à remporter des victoires, entroit dans la politique de ce tems-là.

Ce Prince fait une Ordonnance qui intéresse la Monarchie. Henri fixe les bornes de la Ville de Paris : il semble qu'il prévoit les inconvéniens que sa grandeur a fait sentir depuis. Il fait la paix avec l'Angleterre & achette Boulogne. Il eût peut-être mieux fait de la conquérir, mais il eſt des tems où il faut employer l'argent au lieu des armées.

Le Duc de Guiſe uni à la Nobleſſe, force Charles-Quint à lever le ſiege de Metz. Cet Empereur, dont les Annales parlent ſi différemment, conſerve un vif reſſentiment de cet affront. Il prend la Ville de Therouene, qu'il ſaccage & détruit de maniere qu'on peut douter aujourd'hui qu'elle ait jamais exiſtée. Tout eſt furieux dans cette action & indigne d'un grand homme, qui a de commun une Société de Citoyens renfermée dans des murailles avec les intérêts des Couronnes.

La France s'empare d'une partie de la Corſe. Henri défait les Impériaux à la bataille de Renti. Il cherche dans la mêlée l'occaſion de ſe battre avec Charles-Quint. Si les Rois ſe faiſoient la guerre de perſonne à perſonne, il y auroit moins de batailles de Nation à Nation.

Dans ce tems-là il arrive un événement remarquable. Charles-Quint qui domine ſur les premiers Souverains de l'Univers, rentre dans la condition d'un homme privé ; étrange révolution qui acheve de convaincre que le cœur humain eſt une véritable énigme.

Calais eſt pris ſur les Anglois, qui par là perdent le clef de la France, dont ils ſont en poſſeſſion depuis plus de deux cents ans. Guines, Thionville, Charlemont, Dunkerque & Saint-Vinox ſe rendent : par là les Bretons ſe trouvent entiérement chaſſés du Royaume ; d'un autre côté Metz, Torel & Verdun ſont joints à la France.

François II ne fait qu'eſſayer la Couronne. A peine eſt-il ſur le Trône que la mort l'en fait deſcendre. On accuſe ſon regne d'avoir été malheureux , par l'endroit qui diſtingue les ſiecles civiliſés des barbares. La France eſt remplie de grands hommes, & cependant tout eſt dans le trouble & la confuſion , ce qui prouve une choſe bien triſte, que l'eſprit & le génie ſont peut-être contraires à la bonne police. Il faut que les Citoyens ſoient éclairés : mais lorſque les ſciences ne ſervent qu'à ſubtiliſer l'entendement , elles n'ont d'autres effets que de porter à la diviſion, ſans compter que les paſſions ſont plus vives à meſure que les hommes ont plus d'argent. Quel eſt donc le terme auquel il faut que les connoiſſances arrivent pour contribuer à la douceur du Gouvernement ? C'eſt ce qui n'eſt pas aiſé à décider; il faudroit établir des rapports entre la conſtitution & le génie, c'eſt-à-dire de compoſer la république & l'eſprit humain ; ouvrage immenſe qui renverſeroit tout en voulant établir tout.

Les Guiſes, le Roi de Navarre, le Prince de Condé, le Cardinal de Lorraine, le Connétable de Montmorrency , tous hommes d'Etat, qui ont cet eſprit d'intrigue & d'ambition, ſement la diviſion à la Cour & à la Ville. Luther & Calvin deviennent des noms utiles à leur politique. La conjuration d'Amboiſe ſe forme; elle eſt découverte , tous les complices ſont exécutés. Le Prince de Condé eſt accuſé d'y avoir part : il ſe juſtifie, mais cela ne ſuffit pas.

Lorfqu'un grand homme eft accufé d'un crime capital, il eft prefque toujours coupable : car s'il ne l'étoit pas, on n'eût jamais ofé prononcer fon nom.

A la mort de ce Prince, la France eft endettée de quarante-deux millions, mais fa puiffance eft augmentée, parce que plufieurs Domaines que les anciennes divifions ont aliénés, font rentrés. Elle a plus de fujets, plus d'art, plus d'induftrie. Son commerce a augmenté. Il eft vrai que les divifions domeftiques la menacent d'une longue fuite de guerre civile : mais elle n'en fera que plus puiffante, lorfque l'autorité de fes Rois fera rétablie.

Charles IX, au milieu des troubles qui agitent la Monarchie, fait plufieurs Ordonnances falutaires : il porte fes regards fur la juftice ; les Tribunaux font occupés par des hommes de guerre, qui n'ont aucune idée de la Jurifprudence. Il réforme les Juges Militaires & en fubftitue d'autres plus éclairés ; c'eft déjà un grand pas pour rétablir la tranquillité générale. L'ordre public eft la bafe de la puiffance politique. On peut attendre tout d'un Peuple qui eft gouverné fagement, & rien de celui qui eft conduit par une mauvaife adminiftration.

Catherine de Medicis s'intrigue beaucoup, elle eft Italienne, & a cet efprit remuant, rempli de fineffe, d'artifice qui caractérife ceux de fa Nation, efprit propre à s'emparer de tout, à gâter tout.

Charles au milieu des troubles qui font excités par la Religion, fait rendre un Arrêt le plus falutaire qui ait jamais été rendu, s'il avoit eu fon effet; mais les Rois ne peuvent pas faire tout le bien qu'ils veulent.

On accorde d'abord tout aux Proteftans. Dans le regne fuivant on leur ôte tout, politique dangereufe. Il falloit dans les premiers tems ne leur accorder rien, ou dans la fuite ne leur ôter rien. Les fectes nouvelles n'oublient jamais les prérogatives qu'on leur a accordées à leur établiffement, c'eft fur celles-ci qu'elles fe croyent toujours fondées à troubler l'Etat.

Les guerres inteftines commencent avec fureur. Orléans devient le boulevard de l'héréfie, & Rouen, fi l'on peut s'exprimer ainfi, le baftion de la rébellion. Chaque ambitieux qui veut troubler l'Etat, mene un parti de Proteftans à la guerre.

On fait la paix avec les Proteftans dans la crainte où l'on eft d'être obligé de faire la guerre aux Anglois, qui font déjà en poffeffion du Havre-de-Grace.

Une nouvelle guerre civile commence. Catherine qui a mis le feu à la premiere allume encore la feconde; c'eft qu'elle croit avoir befoin de bataille pour maintenir fon autorité.

La journée de St. Denis ne décide rien; c'eft la feule bataille qui fe foit donnée, fans qu'on ait jamais fu de quel côté avoit penché la victoire.

Jufques-là ce ne font que les ambitieux du Royaume qui excitent les divifions; mais
bientôt

bientôt les Princes d'Allemagne s'en mêlent, c'eſt toujours la Religion qu'ils prennent pour prétexte : alors les affaires de la politique deviennent plus compliquées. On prévient les guerres inteſtines, en s'affurant de la perſonne de ceux qui les cauſent : mais lorſque les troupes étrangeres ſe joignent à celles des rébelles, on doit ſe ſervir d'autres moyens, non-ſeulement il faut arrêter les maux, qui ſont dans l'Etat, mais encore aller au devant des étrangers.

Les Catholiques ont l'avantage ſur les Proteſtans à Jarnac, ils ſont encore battus à Montcontour ; mais les victoires n'ont d'autre effet de part & d'autre, que de mener à des pertes inévitables.

La Saint-Barthelemi donne à l'Europe un Spectacle terrible, jamais la politique ne s'eſt montrée ſi cruelle.

Ici elle eſt toute couverte de ſang, on a dit que ce carnage étoit pour éviter les malheurs que les Huguenots devoient cauſer à la France ; mais le remede étoit plus violent que le mal.

Henri III quitte la Pologne où il eſt Roi, pour venir occuper le Trône de France. Il veut porter les deux Couronnes, mais les Polonois ne veulent pas un Monarque qui ne regne pas au milieu d'eux.

Une nouvelle paix ſe fait avec les Proteſtans, c'eſt le cinquieme Traité & le cinquieme violé.

Pluſieurs grands du Royaume qui ſe dé-

C

clarant contre le parti de la Cour, font des prodiges de bravoure ; car lorfqu'on s'eft une fois déclaré rébelle, on fait des efforts de valeur, pour faire oublier qu'on l'eft.

On s'affaffine de part & d'autre. Les Capitaines perdent jufqu'à cette bravoure & cette franchife qui forme le caractere des militaires, c'eft qu'il s'agit d'une guerre de Religion.

Le Roi de Navarre, connu depuis dans le monde fous le nom d'Henri IV, eft vainqueur à la bataille de Coutras. Il effaie fa gloire & la prépare pour des plus grands exploits : mais l'amour le ramene dans le Béarn, où il met aux pieds de fa Maîtreffe les lauriers qu'il vient de cueillir. Il eft remarquable que les plus grands hommes fe font livrés à cette paffion. Pompé, Antoine, Céfar fe battoient toujours & aimoient toujours, ce qui pourroit faire croire que l'amour n'eft pas une foibleffe du cœur, mais une paffion de l'ame.

Les troupes du Roi font défaites à la journée des Barricades.

C'eft un fecond fpectacle de voir la premiere Puiffance de l'Europe aux prifes avec elle-même ; mais moins elle fait voir de vigueur dans ces tems malheureux, & plus on la voit montrer de force : femblable à ces infirmes que la maladie accable, mais qui ne font pas plutôt fortis de cet état de langueur qu'ils repréfentent leur premiere vigueur.

Henri III eft affaffiné ; on a dit de lui qu'il eût pu paffer pour un grand Roi, s'il ne l'avoit jamais été.

Les regnes fuivans font trop connus pour
qu'on ignore les exploits de nos Rois, il fuffit de dire que les quatre Monarques qui ont
fuccédé à Henri III, en ajoutant plufieurs
grands Domaines à l'ancien Domaine, ont
fait de la France la première Puiffance de
l'Univers.

CHAPITRE VI.

Que les anciens Parlemens ne reffemblent pas à ceux d'aujourd'hui.

On a beau fouiller dans les Annales de la
Monarchie, on ne trouve aucune trace de
nos Parlemens tels qu'ils font.

Leur inftitution, leurs Droits, leurs Prérogatives, tout eft ufurpé jufqu'au nom. Le mot
de Parlement ne fignifie plus aujourd'hui ce
qu'il fignifioit dans les premiers tems. On donna
d'abord ce nom à toutes fortes d'unions où l'on
fe trouvoit enfemble pour parler. Nos Rois
avoient leurs placita qui les fuivoient. On fait
que Clotaire avoit avec lui un Parlement am-
bulatoire ; il n'y eut point de Corps politique, qui n'eut fes Parlemens ou Affemblées,
dans lefquels on y délibéroit fur les affaires générales. Point de Villes en France, aucun
Village, aucun Hameau, aucune Famille particuliere, qui dans le fens le plus étendu n'eut

fon Parlement, du mot *parler* ; mais je dis qu'aucun de ces Parlemens ne reſſembloit à ceux qui fe formerent dans les ſuites & dont il eſt ici queſtion. On retint le nom, mais la choſe ne fut plus la même. Les Univerſités, les Colleges, les Ecoles particulieres & publiques devinrent des eſpeces de Parlemens. Outre ces grands Parlemens, il y en avoit encore de petits, qu'on appelloit *parloirs.*

On appella auſſi Parlemens, ces aſſemblées Militaires, où on délibéroit des affaires de la Nation les armes à la main, ce qui prouve combien ces Parlemens étoient différens des nôtres qui ne voulurent point y admettre des gens de guerre ; ce qui a fait établir cette fameuſe différence parmi nous de l'Epée à la Robe : époque remarquable dans notre Hiſtoire, qui a diviſé la Nation en deux claſſes de Citoyens, dont les mœurs & les manieres font ſi différentes.

Les Conciles, les Synodes, les rendez-vous des gens d'Egliſe où on décidoit des choſes de l'autre vie, furent miſes au même rang. Ainſi toutes aſſemblées quelconques, ſoit qu'on y traitât des affaires du Ciel, ou qu'on y délibérât ſur celles de la terre, s'appellerent Parlemens.

On doit bien imaginer que les Evêques & les Abbés ne furent pas les derniers à devenir parlementaires. Les Moines ne tarderent pas à ſuivre leurs exemples ; tout fut Parlement en France, avant même qu'il y eut un ſeul Parlement, du moins ſuivant l'idée que nous avons attaché depuis à ce mot. En voilà assez, pour prouver que ces grands mots montés sur des échasses, qu'on a lus dans tant de représentations : *que les Parlemens d'aujourd'hui ne font que suivre les traces des anciens ; qu'ils ne s'éloignent en rien de leurs principes & de leur objet ; qu'ils ont les mêmes vues, & le même amour du bien public* &c. sont dénués de tout fondement. Pour imiter une institution, il faut lui ressembler : or nos Parlemens d'aujourd'hui n'ont aucun rapport à ce qu'on appelloit de ce nom lors de l'établissement de la Monarchie.

CHAPITRE VII.

Premiere origine des Parlemens.

DAns les premiers tems les Rois descendoient du Trône pour juger leurs sujets. Alors tous les Procès civils étoient des affaires de famille, dont le Prince, qui étoit le pere, décidoit en dernier ressort.

L'Anarchie des fiefs changea cet ordre Monarchique. Il y eut autant de justice que de Seigneuries. Chaque grand Feudataire avoit son Tribunal, où ses vassaux étoient jugés. La Couronne avoit aussi le sien, mais il étoit particulier au Trône.

Saint Louis de retour de la Terre-Sainte profite des circonstances. La plupart des Grands qui l'avoient fuivi dans cette expédition, étoient morts & leurs Officiers fubalternes n'étoient pas affez forts pour lui réfifter. Il établit quatre Bailliages qui furent fubftitués à ceux des Seigneurs. Et comme le droit d'Appel s'établit à ceux-ci, ces premiers Tribunaux périrent infenfiblement, & la Juftice Royale s'établit. On pourroit croire que nos Parlemens tirent leur origine de ces quatre Bailliages, mais il faudroit le croire avec précaution, la raifon en eft que lorfque ce Monarque créa ces quatre Bailliages pour l'adminiftration de la juftice, il en forma plufieurs autres qui tendoient au même objet. Ainfi on pourroit foupçonner que fi Saint Louis voulut avoir une feule Jurifprudence, il ne penfa pas à la réunir fous un feul Corps de juftice.

Quoi qu'il en foit, c'eft à ce premier coup frappé fur les juftices patrimoniales des Seigneurs qu'on en dut plufieurs autres. Sous les regnes fuivans on diftingua les Etats-Généraux de ce qu'on avoit appellé jufques-là Parlement, & fi on n'eut pas une idée plus claire de l'origine de ces Tribunaux, du moins on ne confondit plus deux chofes, qui par leur nature doivent être très-féparées.

On diftingua les repréfentans de la Nation, la Nobleffe, le Tiers-Etat, en un mot ce qui forme un Corps Politique, de ce qui compofe un Tribunal de Juges : auffi leurs fonctions étoient-elles bien différentes. Ceux-là décidoient avec le Roi des affaires de la Couron-

ne, ceux-ci n'avoient d'autre fonction que de
rendre des Sentences Civiles

Tout prit une nouvelle tournure lorsqu'on
eut distingué les ordres de la Monarchie.
Les Etats-Généraux s'assemblerent avec plus
de majesté. Le Roi y paroissoit sur son Trône.
Le Prince du Sang, la Noblesse, & le Tiers-
Etat y assistoient. C'est dans ces assemblées &
non dans les Parlemens qu'on délibéroit sur
le Gouvernement, & sur les grandes affaires
d'Etat.

Ces Tribunaux de justice étoient composés
de Barons; car la Nation n'auroit pas souf-
fert d'être jugée par d'autres; mais comme
ceux-ci étoient très-ignorans, il fallut y joindre des Clercs qui savoient lire & écrire; ce
qui étoit alors la science suprême.

Il faut bien distinguer les anciens Barons
militaires qui assistoient au Conseil de nos
Rois, & qui après avoir délibéré pour l'Etat,
se battoient pour la Couronne, de ces Barons
qui siégeoient aux Tribunaux de justice. Il est
clair que cette derniere jurisdiction formoit un
établissement nouveau qu'on a appellé depuis Parlement. L'équivoque est venu du mot,
& non de la chose.

Comme le Clergé ne s'étoit introduit dans
les nouveaux Tribunaux qu'à la faveur de l'i-
gnorance qui regnoit alors dans le monde,
lorsque la France fut un peu plus éclairée,
nos Rois ne voulurent plus que les Evêques
siégeassent au Parlement : ce qui prouve deux
choses : l'une que ce Tribunal n'étoit pas

composé de différens Corps de l'Etat, mais seulement une Assemblée de Juges ; l'autre que le Souverain en le formant s'étoit réservé le droit de créer ses Membres.

Voici une autre conviction. Si le Parlement de Paris avoit été une suite des Etats-Généraux, comme quelques-uns l'ont soupçonné mal-à-propos, il auroit formé sous lui d'autres établissemens dans le Royaume pour suppléer à la distance des lieux ; mais on sait que tous les établissemens parlementaires du Royaume ont été créés par nos Rois.

Il y a plus, si ces Parlemens eussent été indépendans, ils se seroient opposés aux ordonnances des Souverains qui en régloient la police. Un Corps qui n'est point soumis à un autre par l'établissement, n'en reçoit point la loi.

Nos Historiens faute de mettre chaque nom à sa place, ont jetté quelque obscurité dans les choses. Ils disent souvent que nos Rois pour juger tel ou tel Seigneur, ou décider sur certaines affaires, assembloient le Parlement de Paris. Ils auroient mieux fait de dire qu'ils assembloient les Etats-Généraux, & en effet ils vouloient le dire ; car ils déclaroient que les Députés des Villes entroient dans ces Tribunaux : or, quelle confusion ne jetteroient pas aujourd'hui dans nos Parlemens les Députés des Villes du Royaume.

Philippe Auguste avoit fait une Ordonnance qui pourroit donner quelque indice de l'établissement de nos Cours de Justice. Elle

regarde les Baillifs qui s'accrurent beaucoup
à mefure que le Domaine s'étendit , & il eſt
ordonné à ces Baillifs de recevoir tous les
mois les plaintes des fujets & de leur rendre
prompte juſtice , & de donner part à la Cour
tous les quatre mois de l'état de leurs Provinces , ce qui prouve d'un côté , que nos
Tribunaux de juſtice font une fuite des Ordonnances de nos Rois , & de l'autre que dès
leur établiſſement ils ont été fubordonnés à
l'autorité Royale.

Voici une grande autorité , les hauts Barons
qui affiſtoient aux Etats-Généraux s'y rendoient gratuitement , au lieu que les Juges du
Parlement avoient des épices , c'eſt - à - dire,
qu'ils avoient des gages , & étoient payés.
Mais il fuffit de l'aveu que fait le Parlement
lui-même. Ce Corps avoua pluſieurs fois lors
de fon premier établiſſement, qu'il n'étoit qu'un
fimple Tribunal de Juſtice , que les affaires
qui intéreſſoient la Couronne & le Gouvernement, n'étoient pas de fon reſſort : que fon
établiſſement fe bornoit à juger les procès
entre les Sujets, qu'il ne pouvoit donner des
marques plus fincères de fa fidélité envers le
Roi de qui il tenoit tout, qu'en fe foumettant
aveuglement à fes ordres. Il déclare pluſieurs
fois en termes formels, que les Finances, les
taxes, les impôts, les revenus du Prince &
les fubfides, en un mot ce qui regarde l'adminiſtration économique, n'étoit pas de fa com-
pétence.

CHAPITRE VIII.

Des limites prescrites aux Parlemens &
en particulier à celui de Paris.

APrès que nos Rois eurent retiré la justice
des mains des Seigneurs, & qu'ils obligerent
leurs sujets à s'adresser à la Jurisdiction
Royale, ils voulurent que les Tribunaux n'é-
tendissent pas au loin leurs jurisdictions. Il
sembloit que la Cour prévit déjà l'inconvénient
qu'il y avoit d'accorder de grandes prérogatives à de pareils Juges. La connoissance des
grandes causes fut interdite au Parlement de
Paris. C'étoit lui déclarer en termes formels
qu'il ne devoit s'ingérer directement ou indi-
rectement en ce qui pouvoit intéresser la
Couronne. Tous les grands criminels furent
jugés par le Roi, ou par des Commissaires
nommés par le Roi. Il n'est pas question
d'examiner ici, si la justice par là en étoit
mieux administrée; il s'agit de prouver que
l'autorité de ces Juges dans leur origine se
réduisoit à quelques petits procès particuliers.

Le Parlement de Paris ne jugea point les
Templiers. Il fut simple spectateur du supplice
de ces Chevaliers. Il est indubitable que s'il
avoit eu le droit de les juger, il se seroit re-
crié contre une sentence étrangere.

Dans tous ou presque tous les premiers regnes, lorsqu'il fut question d'arrêter ou prévenir quelque désordre qui pouvoit intéresser
le Gouvernement , on assembla les Etats-
Généraux ; jamais le Parlement. On imagina
si peu que ce Tribunal pût suppléer à ce Corps
politique, qu'on lui défendit de donner des
Ordonnances qui avoient quelque rapport
avec la Couronne. Une Reine de France [1]
fit casser un Arrêt du Parlement de Paris qui
déclaroit que son autorité étoit pleine & ab-
solue : c'est qu'on prévoioit le danger qu'il
y avoit de permettre que ce Corps s'ingérât
dans les affaires d'Etat.

Il paroît par une ancienne formalité qu'à la
mort du Roi, le Parlement finissoit. Il falloit
que les Membres qui le composoient fussent
confirmés par le nouveau Monarque , sans quoi
il étoit sensé annéanti ; preuve que ce Corps
n'étoit qu'une commission particuliere de la
Couronne, qui ne tenoit point à la constitution fondamentale.

Ce Tribunal dans son établissement pensoit
si peu à se former un Corps politique , qu'il
n'eut pas même la prérogative des Magistra-
tures ordinaires , il n'avoit pas le droit de
s'assembler sans la permission de la Cour.
Philippe-le-Bel ordonna qu'il seroit tenu deux
Parlemens l'année. Aucune grande affaire n'é-
toit de son ressort. Tout procès un peu con-

---

[1] Catherine de Médicis.

fidérable étoit jugé par le Roi, quelquefois par les Etats-Généraux. Pour qu'une fentence fût valide, il falloit que le Monarque y eût affifté en perfonne, fans quoi les Parties ne fe regardoient pas comme jugées. On ne trouve aucun grand procès dans les premiers tems dont le Parlement ait pris connoiffance. Jeanne de Bourgogne, femme de Philippe-le-Long, Marguerite, Epoufe du Duc d'Alençon, accufées d'adulterre, ne furent point jugées par ce Magiftrat. Marigni, Comte de Longue-Ville, foupçonné de malverfations, n'y fut point cité ; Pierre Remi, accufé d'avoir diffipé les finances de l'Etat, n'y comparut point. Philippe-de-Valois & une infinité d'autres Seigneurs furent condamnés par le Prince, les uns à mort, les autres à des moindres peines.

Il eft vrai que quelquefois les grands criminels demandoient à être jugés par le Parlement, mais ce n'étoit pas une preuve qu'il eut le droit de les juger, & c'en étoit fi peu une, que fouvent on n'eut pas égard à leur demande, & le Parlement ne les réclama pas.

Tous les crimes au premier chef étoient du reffort du Souverain, il n'y avoit pas même d'abord de Chambre criminelle au Parlement. Ce Tribunal étoit fi perfuadé qu'il n'avoit pas l'autorité de donner des fentences contre les grands criminels, que Charles VII lui ayant demandé comment il devoit fe comporter dans le jugement d'un de fes principaux fujets, il lui répondit, que c'étoit à lui à le juger avec fes Pairs, & non point au Parlement.

Lorfqu'Edouard III difputa la Couronne à Philippe-de-Valois, aucun des deux concurrens ne s'adreffa au Parlement de Paris. Or on n'eût pas manqué de le prendre pour juge s'il l'avoit été. Philippe convoqua cette affaire aux Pairs & aux Barons.

Edouard ayant rendu folemnellement hommage à Philippe, aucun Député du Parlement n'affifta à cette célebre cérémonie, c'eft que ce Corps n'ajoutoit rien à la puiffance Suprême, & qu'on pouvoit fe paffer de lui jufques dans les fonctions publiques.

Le même Philippe - de - Valois voulant créer fon fils Jean, Pair de France, tint fa Cour au Louvre. Si les Magiftrats du Parlement y affifterent, ce fut comme Affeffeurs qui avoient connoiffance des Loix.

CHAPITRE IX.

Ufurpation des Parlemens.

VOici comment fe formerent les Privileges des Parlemens.

Nos Rois conquérans qui travailloient beaucoup à la guerre fe repofoient encore plus à la paix. La politique a fes momens

de laſſitude, pendant leſquels le repos eſt le
ſouverain bien. Ils ſe délaſſerent du ſoin de
la juſtice ſur ces mêmes Tribunaux qu'ils
avoient érigés. Ceux-ci donnerent d'abord des
Arrêts ſur les affaires qui étoient de leur reſſort, mais lorſqu'ils virent que l'aſſoupiſſe-
ment continuoit, ils ſe mêlerent de celles de
la Couronne ; lorſqu'un Corps a une fois
uſurpé, il uſurpe toujours; celui de Paris
paſſa de l'Etat civil au Gouvernement politique, il ſe mêla de tout.

Le premier jugement qu'il rendit eſt celui
qui prouve le plus ſon deſſein. Il condamna
un Dauphin de France. Il profite des malheurs du tems pour paſſer ſentence contre
l'héritier préſomptif de la Couronne.

Louis XI ayant appellé quelques Conſeil-
lers pour opiner au procès du Duc d'Alençon, le Parlement prétendit être la Cour des
Pairs, parce qu'il avoit aſſiſté au jugement
d'un Pair. Il eſt impoſſible d'aller d'un vol
plus rapide au deſpotiſme. Quelques-uns de
nos Souverains leur avoient montré de loin
la route qu'ils devoient tenir pour arriver
juſqu'au Trône. Philippe-de-Valois accorda
au Parlement de Paris le privilege de donner des lettres de grace ; d'autres leur accor-
derent des plus grands droits. Ainſi on prit
pour des privileges royaux ce qui n'étoit
que l'oubli de la Royauté. Quand tout à-
peu-près fut uſurpé, les Chambres prirent
une autorité qui en impoſa à ceux-mêmes qui
auroient dû leur en impoſer.

On fait que François de Guife devenu rébelle avant de fe juftitier, envoya le Connétable
en Parlement pour lui rendre compte de la
journée d'Amboife. Comment, ces Juges n'auroient pas penfé être des hommes importans,
puifque ceux-mêmes qui méprifoient l'autorité du Roi, fembloient refpecter la leur ? La
mere de Louis XIII s'étant adreffée au Parlement, s'exprime ainfi : fupplie Marie de France..... Une Reine fuppliante au pied d'un Tribunal de Juftice. Il eft trifte pour le fafte des
Trônes de lire dans l'Hiftoire de pareils traits
d'humiliation. Faut-il s'étonner après cela de
l'orgueil de ce Corps ! Plus un pouvoir fe
forme fur un fondement arbitraire, plus il
s'étend au loin. C'eft qu'il n'a point de frein
qui le retient, & qu'il va toujours jufques
prenant trop fur l'Etat, il fe trouve tout-
d'un-coup annéanti par le Trône même qui
l'avoit laiffé élever. On trouvoit une grande
commodité dans ces ufurpations. Il falloit
une action, ou un mouvement pour joindre
& mettre enfemble toutes les pieces des Etats-
Généraux, au-lieu que le Parlement fe trouvoit toujours affemblé. De plus ce Tribunal
accordoit ce que la Nation n'auroit jamais accordé ; c'eft qu'il formoit fon autorité aux dépens de celle du Trône & élevoit fon Empire ; or dans ces établiffemens il faut donner
beaucoup pour obtenir davantage. Plufieurs
Grands ayant reproché à la Reine Médicis
d'avoir caufé de grands défordres en France,

cette Princeſſe répondit : *je n'ai rien fait que de l'avis du Parlement.*

Ce Corps dirigea les grandes affaires, ſans autre titre que celui qu'on lui laiſſoit prendre de les diriger. Bientôt l'ambition de ces Juges paſſa à celle des Grands. Ceux qui vouloient troubler l'Etat ſe couvroient du manteau de ſon autorité. Il ſembloit qu'on ne lui eût donné du pouvoir que pour affoiblir celui de la Couronne. Lorſque quelque Prince du Sang vouloit prévenir quelque coup d'autorité, c'étoit plutôt fait pour lui de propoſer l'affaire en Parlement, au lieu de convoquer la Nation. Par-là il avoit ſous ſa main toutes les intrigues dont il vouloit ſe ſervir. Il eſt plus facile de corrompre une Compagnie de Juges, que deux ou trois cens Députés qui n'ont pas le même intérêt de ſe laiſſer ſéduire. L'ambition avoit moins de grands reſſorts à faire mouvoir. Elle arrivoit plutôt à ſes fins.

Etoit-il queſtion de ſe défaire d'un Miniſtre, il eût fallu plaider la choſe devant le Roi. Les intrigues s'en feroient mêlées. Le procès eût été long. Le Parlement lâchoit l'Arrêt de banniſſement, le condamnoit à mort, ou mettoit ſa tête à prix, & l'affaire étoit finie. La Cour murmuroit, mais le Miniſtre partoit, & le Peuple étoit ſatisfait. On étoit trop occupé des affaires d'Etat pour penſer à celles du Parlement, cependant ce Tribunal profitoit de ces tems de trouble pour augmenter ſon pouvoir. S'agiſſoit-il d'une minorité, té, un chacun vouloit gouverner l'Etat : tout le monde cabaloit ; une foule d'intrigues se formoit, les prétendans étoient sans nombre. Le Parlement survenoit là-dessus, & il se décidoit pour un Candidat, celui-ci avoit l'administration, & les autres se retiroient. Ce qu'il y a d'étonnant, c'est que tout cela qui se faisoit sans autorité, étoit censé fait légalement.

Lorsque de nos jours le Duc d'Orléans fit casser le testament de Louis XIV, & que pour cela il s'adressa au Parlement, ce Prince qui avoit des lumieres, vit bien qu'il affoiblissoit par-là cette même autorité royale, dont il lui demandoit l'investiture ; mais il trouve l'usage établi, & le Parlement en droit de frapper ce coup d'autorité. Il eût fallu que Philippe fit la guerre à l'Etat pour rentrer dans ses droits, & obtenir par les armes la Régence qu'un simple Arrêt lui donnoit. Voilà quelles sont les prérogatives de nos Parlemens ; c'est parce qu'ils ont usurpé beaucoup, qu'ils ont prétendu qu'ils pouvoient beaucoup.

Mais dira-t-on, est-ce qu'un Corps politique n'acquiert pas tout ce que le tems & l'usage lui donne ? Je ne dirai qu'un mot, si l'usurpation formoit des Droits, tous les Trônes seroient chancelans, il n'y auroit aucune Puissance fixe sur la terre. L'ambition est une lime sourde qui va lentement à ses fins. Les Rois sont toujours mineurs lorsqu'il s'agit des prérogatives de leur Sceptre. Leurs Ancêtres n'ont pû aliéner ce qui ne leur appar-

D

tenoit pas, on ne preſcrit pas contre le Trône;
l'autorité inſéparable de la Couronne n'eſt
point au Monarque qui la porte, elle appartient à l'Etat.

Ainſi un Souverain qui dépouille, ou anéan-
tit un Corps politique, qui à force d'uſurpa-
tions avoit corrompu le principe du Gouvernement, non-ſeulement fait une choſe très-
licite, mais comme il rachette la Conſtitution, on peut le regarder non-ſeulement comme
Réformateur, mais comme Légiſlateur.

CHAPITRE X.

Des Réprimendes, Menaces & Châtimens exercés envers les Parlemens.

IL n'eſt guere de Corps politique qui ait tant
ſouffert de reproches & de punitions que nos
Parlemens, & il falloit bien qu'ils euſſent un
plan formé d'uſurpation pour y avoir réſiſté.
On n'eſt ni ſi patient, ni ſi modéré, lorſqu'on
n'a ni vues, ni deſſeins.

Charles IX ayant trouvé quelque réſiſtance
dans le Parlement de Paris, lui parla ainſi:
„ Je vous ordonne de ne point vous mêler
„ des affaires dont il ne vous appartient pas.
„ Souvenez-vous que votre compagnie n'a été
„ créée par les Rois, que pour rendre la juſ-
„ tice ſuivant les Ordonnances du Souverain.

,, Laissez au Roi & à son Conseil les affaires
,, d'Etat. Défaites-vous de l'erreur de vous re-
,, garder comme les Tuteurs des Rois, les
,, Défenseurs du Royaume, & les Gardiens
,, de Paris.

Plusieurs autres Monarques lui firent de
vives remontrances, pour lui faire perdre cet
air de supérioté qui ne lui convenoit pas.

Louis XII ne laissa échapper aucune oc-
casion de prouver qu'il étoit tout, & que le
Parlement n'étoit rien. Il cassa la plupart de
ses Arrêts. Il donna une forme aux Parlemens
de Provinces, sans consulter celui de Paris.
Il n'accorda d'autre titre aux gens de Robe
que celui de Juges, encore les restreint-il
beaucoup dans cette qualité. La mere de ce
Prince intenta Procès au Parlement, & jugea
ceux qui devoient juger sous le regne suivant ;
on attribua au grand Conseil la connoissance
des affaires qui regardoient la nomination des
grands bénéfices, que le Parlement s'étoit at-
tribuée.

Non-seulement nos Souverains, mais même
les Officiers particuliers de la Couronne
abaissèrent ce Corps. On lit dans nos Annales
que le Connétable Montmorenci interdit le
Parlement de Bourdeau. Il falloit que le mal
fut bien grand, puisque la Cour permit un
pareil remede.

Henri II rendit le Parlement semestre.
Henri IV ordonna d'arracher & de déchirer
au Greffe du Parlement tous les Arrêts qui
avoient été passés avant son avénement au
Trône. D 2

Ce Prince indigné du procédé de certains membres qui manquoient d'expérience, leur dit, *jeunes gens, apprenez des bons Vieillards à modérer votre fougue.*

Le même Henri ayant trouvé quelque difficulté au Parlement pour enrégiftrer les lettres de Juffion, il banit tous les membres qui s'étoient oppofés à fes deffeins.

Pour que ce Corps ne pût s'arroger d'autre titre que celui de Chambre de Juftice, on lui défendit dans les fonctions publiques (1) de ne paroître qu'en Robe rouge, & afin qu'il ne pût non plus s'attribuer le droit de pairie dans les grandes cérémonies, on le priva de manger avec les Pairs. (2)

Le Chancelier de l'Hôpital appelloit le Parlement de Paris, une maifon mal réglée; il lui reprochoit de mettre les Arrêts du Roi au-deffous de fes Ordonnances, auxquels Arrêts, il donnoit l'interprétation qu'il vouloit.

La Couronne fe vit fouvent obligée d'annuller les délibérations de ce Corps, & de lui faire renouveller le Serment de fidélité.

Le Duc d'Epernon trouvant quelque difficulté dans le Parlement, menaça de le foudroyer.

Sous la Reine Médicis, ce Tribunal ayant fait annuller un Arrêt qui tendoit à affurer l'Autorité Royale, le fit caffer, & fit mettre en prifon l'Imprimeur qui l'avoit imprimé,

----

[1] Lors des enterremens.
[2] Voyez les funérailles d'Henri IV.

alléguant pour raifon que ce n'étoit pas à des Juges de fe méler des affaires d'Etat.

Dans les troubles Parlementaires dont la France fut agitée fous Louis XIII, l'Avocat Tellier ayant dit au Roi : que le Parlement demeureroit dans l'obéiffance qu'il lui devoit, ce Monarque lui répondit : ne parlons pas de l'obéiffance de vos gens; fi je voulois former quelqu'un de mes fujets à cette vertu, je le mettrois dans une Compagnie des mes Gardes.

Le Cardinal de Richelieu interdit la Chambre des Enquêtes, & fit arrêter plufieurs Membres de ce Corps. Ce même Miniftre fit perdre à ce Tribunal toutes les prérogatives qu'il réclamoit.

Sous le Miniftere fuivant, le Parlement ayant refufé d'enrégiftrer quelques Edits, il l'y força par autorité.

La mere de Louis XIV indignée contre ces Juges, difoit : qu'elle ne fouffriroit pas que cette canaille infultât le Gouvernement.

Ce Corps qui tomba dans le mépris univerfel, fut chanfonné par le Peuple.

Pendant l'adminiftration de Mazarin, ce Tribunal fe livra à un tel défordre, qu'il fut méprifé de tout ce qu'il y avoit d'honnêtes gens dans le Royaume.

Les premieres paroles menaçantes de Louis XIV, furent contre le Parlement de Paris. On fait le difcours qu'il tint aux chambres réunies. „ On fait les malheurs, leur dit-il, „ qu'ont caufé vos Affemblées. J'ordonne

D 3

,, qu'on ceffe celles qui font commencées fur
,, mes Edits. Monfieur le premier Préfident,
,, je vous défends de les fouffrir, & aux Con-
,, feillers des Enquêtes de les demander.

Les railleries continuelles des Peuples firent tomber ce Tribunal dans un difcrédit
prefque univerfel.

Ce même Prince pour lui marquer fon mépris, vient en bottes fortes au Parlement,
un foüet à la main, & lui ordonne d'enrégiftrer fur le champ fes Edits. Louis s'étant fait
repréfenter tous les troubles caufés par ce
Corps, le dégrada.

Jufques-là ce ne font que des menaces, ou repréfentations, voici des châtimens. Le Parlement de Paris, s'étant oppofé fous différens regnes aux ordres du Roi, fut fouvent traîné en
prifon. Il entra & fortit à plufieurs reprifes de la
Baftille ; on le caffa, on détruifit fes membres.

Les gens du Roi le faifirent à diverfes reprifes, & fermerent la porte de fes Tribunaux.
Souvent les Chambres affemblées furent arrêtées & conduites en exil ; on le reforma, on
créa une Juftice Royale.

Avant Louis XIV, Louis XIII avoit fait faire
amende honorable à ce Corps ; il lui fut ordonné de venir au Louvre à pied & de fe prof-
terner devant le Trône.

Sous le Cardinal de Fleuri, ce Corps eft mis
entre les mains des Archers. François Ier. avoit
été plus loin, il avoit vendu le Parlement. (1)

_____

(1) Les Charges deviennent vénales.

CHAPITRE XI.

Des Maux que les Parlemens cauferent à la France.

SI les reproches & les chatimens qu'éprou-verent les Parlemens furent grands , les ré-volutions qu'ils cauferent le furent davantage.

On ne peut faire un pas dans l'hiftoire fans trouver les Tribunaux aux prifes avec l'au-torité Royale. Il eft aifé de prouver que tous , ou prefque tous les maux qui ont troublé la Monarchie font nés de cette fource.

Les combats judiciaires étoient abolis , & cette maniere de décider les procès défendue , comme contenant en elle un vice qui troubloit l'ordre public, lorfque le Parlement de Paris chercha à les renouveller. Il eft aifé de juger de l'abus que devoit caufer une telle licence autorifée par les premiers juges du Royaume ; fur-tout dans un tems où la Chevalerie ayant tourné la tête à bien des gens, les fujets n'at-tendoient pour s'affaffiner honorablement que de n'être point gênés par les Loix. Bientôt cette maladie , qui s'étendit au loin , défola une par-tie de la France. Ainfi on peut reprocher au Parlement de Paris d'avoir allumé ce feu qu'il pouvoit éteindre.

On fait affez qu'Henri II, en plein Confeil,

ordonna à deux Seigneurs de fe battre pour vuider une querelle perfonnelle. Non-feulement ce Tribunal ne fe déclara point contre ce malheureux ufage, mais il l'autorife par fon exemple. On trouve dans quelques mémoires de ces tems-là, qu'il ordonna plufieurs Duels par Arrêt.

La plupart des rebellions qui agitèrent la France, prirent naiffance dans le Parlement. Ceux des Provinces allumerent par-tout le feu de la difcorde.

Dans la plupart des révolutions, les Confeillers fe mêlerent avec le peuple, & l'animerent à la révolte.

Le Parlement de Paris entretint fouvent des correfpondances criminelles avec les ennemis de l'Etat. Il confte par nos Annales, que lorfque les Princes de Lorraine défoloient la France, ce Tribunal étoit de leur parti, & les appelloit les Peres de la patrie.

On fait qu'il fe laiffa gagner par les Guifes, & qu'il condamna à mort un Prince du Sang; ce qui caufa une révolution dont les fuites furent funeftes à l'Etat.

Lorfqu'il eut quelque influence dans les affaires, il ne manqua jamais de les gàter.

Les Arrêts que ce Corps donna en 1563, furent une fource inépuifable de troubles & de confufion. Ils ouvrirent la porte à cette fcène tragique qui dévoit faire verfer le fang à tant de François.

On reprochera éternellement au Parlement d'avoir mis le premier les armes à la main à

un peuple, qui juſques-là ne les avoit priſes
que contre les ennemis de l'Etat ; mais qui
perdit bientôt ſon caractère, lorſque ſes premiers Juges lui eurent appris à s'égorger. Ceux
qui ont lu l'Hiſtoire de ces tems-là, connoiſ-
ſent ces Edits qui ordonnoient aux Communau-
tés de prendre les armes, & de tuer tous ceux
qui prieroient Dieu dans une autre langue
qu'en latin.

Il étoit naturel qu'un Peuple déchaîné par
la Magiſtrature devînt furieux ; ce qui ne manqua pas d'arriver : auſſi la France éprouva-
t-elle des maux qui ne ſont pas ordinaires.

A l'établiſſement du Calviniſme, on fit une
Ordonnance qui défendoit le port des armes ;
mais le Parlement déclara que Paris devoit
reſter armé. C'étoit laiſſer une porte ouverte
aux guerres civiles ; auſſi la France en eſſuia-
t-elle de furieuſes.

L'Enrégiſtrement des Arrêts qui devoient
être la cauſe de tant de biens, devint la ſource
d'une foule de maux. On ne ſavoit jamais ſi
les Ordonnances de nos Rois avoient force de
loi, ou ne l'avoient pas. Ce qui laiſſoit le Peuple dans une incertitude funeſte.

Outre cette incertitude, il y avoit un autre
inconvénient ; c'eſt qu'à la ſuite de l'enrégiſtrement d'un Arrêt, on en enrégiſtroit un autre tout contraire. Je pourrois rapporter mille
exemples ; je n'en rapporterai qu'un ſeul : le
Parlement de Paris enrégiſtra une Ordonnance
par laquelle les Proteſtans ne pouvoient exer-
cer aucune Charge ; dans peu il en enrégiſtra

une autre, par laquelle ils pouvoient les exer-
cer. Tout eft perdu dans un Etat, lorfqu'un
Corps politique qui a le dépôt des Loix, n'a
point d'état fixe.

L'exil du Parlement qu'on croioit un remede au mal, ne faifoit que l'aigrir. Les affaires languiffoient, & la juftice n'étoit pas ad-
miniftrée.

Souvent cette formalité devenoit un crime
de Lèze-Majefté. Ceux qui font au fait de nos
Annales favent que le Parlement de Paris
enrégiftra un Edit, qui reconnoiffoit pour le
Roi de France le Cardinal Charles de Bourbon, qui non-feulement n'avoit aucun droit à
la Couronne, mais qui étoit alors criminel
d'Etat; c'étoit un Vieillard incapable de jouer
aucun rôle que celui qu'on lui faifoit faire,
& auquel il n'avoit aucune part.

Tandis que le Parlement de Paris donnoit
un Monarque à la France, celui de Touloufe
levoit l'étendart de la révolte. L'Arrêt qu'il
rendit le 22 Août 1589, eft remarquable. C'eft
un libelle dans les formes contre le Trône;
c'eft-à-dire un ordre exprès de méprifer le
Souverain; ce qui revenoit au même qu'à renverfer l'Etat.

Voici comme s'explique cet Arrêt de rébellion: ,, la Cour, toutes les Chambres af-
,, femblées, ayant fu la miraculeufe, épou-
,, vantable & fanglante mort d'Henri III,
,, advenue le 2 de ce mois, a exhorté &
,, exhorte tous les Evêques & Pafteurs de
,, faire chacun en leurs Eglifes, rendre gra-

,, ces à Dieu de la faveur particuliere qu'il
,, nous a fait. A ordonné & ordonne, que tous
,, les ans au premier d'Août, l'on fera Pro-
,, ceſſion & prieres publiques, en reconnoiſ-
,, ſance du bénéfice qu'il nous a fait en pa-
,, reil jour."

Enviſager la mort tragique du Roi comme
une faveur particuliere du Ciel, ordonner des
prieres publiques pour l'en remercier ; le tout
par Arrêt, eſt un de ces coups de-toclin, dont
on ne trouve aucun exemple dans les autres
Hiſtoires.

Et afin que la rébellion ne finit point à la
mort d'Henri III., ce même Tribunal défend,
ſous peine de la vie, de reconnoître Henri IV
pour Roi de France, & enjoint expreſſément
d'obſerver la Bulle d'excommunication contre
ce Prince ; il le déclare incapable de ſuccéder à la Couronne de France.

Le Parlement de Provence de ſon côté,
ſecouant entiérement le joug de fidélité qu'il
devoit à ſon Prince légitime, chercha ouvertement de renverſer le Trône, & de diſpoſer
de la Couronne.

Il envoya une députation formelle vers le
Duc de Savoie, Philippe-Emmanuel.

Ce Prince arrive à Aix, on lui préſente le
Dais comme au Roi ; tous les Membres du
Parlement lui baiſent la main. Il eſt vrai qu'on
ne le reconnoit d'abord que pour Protecteur
de la Province. Mais dans des tems de troubles & de confuſion, un Protecteur eſt un
Monarque, & plus qu'un Monarque, témoin

Cromwel, & tant d'autres qui se sont placés sur le Trône sous d'autres noms.

Il fallut faire la guerre au Parlement de Grénoble pour le réduire à l'obéissance.

Celui de Rouen, à l'exemple de tous les autres, conjura contre l'Etat ; voici l'Arrêt qu'il donna : on cite ici les pieces de ces Tribunaux, parce que ce sont autant de monumens authentiques de leur rébellion.

,, La Cour a fait, & fait très-expresses in-
,, hibitions, & défenses à toutes personnes, de
,, quel état & condition qu'elles soient, sans
,, nulles exceptées, de favoriser en aucun
,, acte & maniere que ce soit, le parti du
,, Duc Henri de Bourbon ; mais de s'en dé-
,, sister incontinent, sous peine d'être pendu
,, & étranglé. Ordonne ladite Cour, que
,, monition-générale sera octroyée au Procu-
,, reur-Général, *nemine dempto*, pour informer
,, contre ceux qui favoriseroient ledit Henri de
,, Bourbon & ses adhérens.... Il est ordonné
,, que par les places publiques seront plan-
,, tées potences, pour y pendre ceux qui se-
,, ront si malheureux que d'attenter contre
,, leur Patrie.

Ainsi cette Cour menaçoit d'attacher au Gibet ceux qui se rangeroient du parti du meilleur & du plus grand de tous les Rois ; ainsi il soulevoit les sujets contre leur Prince légitime. A ces séditions directement attenta-toires contre la Couronne, & la Majesté du Trône, ces Cours rébelles en joignoient qui ne tendoient pas moins qu'à troubler la paix publique.

La défunion des Parlemens entre-eux étoit une feconde rebellion non moins dangereufe. Le Parlement de Paris faifoit brûler les Arrêts de ceux de Provinces, leur donnant le nom d'exécrables & d'abominables, & ceux-ci traitoient de même les Ordonnances du Tribunal de Paris. On doit juger du défordre où ces actes d'hoftilité réciproques jettoient la France, lorfque ceux qui par leur état, doivent concourir à la paix publique, font les premiers à la troubler ; la défunion devient générale, & non-feulement ces Cours souffloient le feu de la difcorde dans le Royaume, mais elles cherchoient à l'allumer au déhors. On lit dans *De Thou*, que le Préfident Achille de Harlay propofa de fecouer pour jamais le joug du Pape, & de créer un Patriarche. On fent d'avance le fchifme qu'un tel changement eût caufé dans la Chrétienté.

La ligue finie, Henri IV, après bien des travaux, placé à la fin fur le Trône, & la France tranquille, manqua encore à être troublée par le Parlement ; tant ce Corps alloit au-devant de tout ce qui pouvoit renverfer la tranquillité publique. Il refufe de fe prêter aux befoins de ce bon Monarque qui demandoit quelque argent pour pourvoir à ceux de l'Etat. ,, Qu'on me donne, difoit-il, ,, de quoi maintenir une petite armée, & je ,, donnerai gaiement ma vie pour vous fau- ,, ver & relever la Monarchie.

Ce secours ne fut jamais accordé, & l'on vit le moment de retomber dans le même désordre d'où l'on venoit de sortir. Heureusement pour la France, l'habileté & la bravoure de ce Prince suppléerent à tout.

Personne n'ignore que sous le Regne de Louis XIII, le Parlement se rebella dans les formes. Les Maîtres des Requêtes signerent entre-eux un accord qui tendoit à mettre des bornes à l'Autorité Royale. La plupart des Meres de nos Rois se plaignirent hautement des usurpations que ce Corps cherchoit à faire sur la Couronne: lorsque pour prévenir les menées de ce Tribunal, on lui défendit de s'assembler, il n'obéit point.

Outre ces troubles qui désoloient la Cour & la Ville, ces Tribunaux ouvroient la porte à d'autres maux. Ils abandonnoient les Loix anciennes en attentant sur la vie des Sujets par des sentences arbitraires. La Maréchale d'Ancre fut condamnée à être brûlée comme forciere; jugement inique dont on se souvient toujours avec horreur.

Il manquoit au Parlement de Paris après avoir semé la division par-tout, de s'en prendre à lui-même. Toute l'Europe sait qu'il se battit en personne dans une procession solemnelle. La Bataille commença par les invectives, & finit par les coups. Le différend étoit pour quelque droit de préféance. Les Présidens & les Conseillers qui étoient les plus forts, terrasserent ceux qui l'étoient moins. Ce combat fit entrevoir de loin le peu de cas qu'on devoit faire d'une Compagnie de Magiſtrats qui, étant établie pour le maintien de l'ordre public, étoit la premiere à le troubler.

Une ſeconde bataille livrée par ce même Tribunal dans l'Egliſe de Notre-Dame, donna au Peuple un autre exemple de ſédition. Il étoit encore ici queſtion du pas, c'eſt-à-dire d'un intérêt de vanité.

Louis XIV ne fut pas plutôt ſur le Trône, qu'il eut la douleur de voir par-tout le trouble & la confuſion excités par ce Corps. Le Parlement ceſſe de rendre la juſtice; les loix ſont ſans vigueur & la France ſans police.

Mais il ſuffit d'un ſeul trait. La guerre des Barricades qui le flétrit à jamais, eſt un monument éternel de ſa rébellion. On y voit un plan ſuivi de révolte; le Parlement leve des Troupes à ſes dépens, nomme ſes Généraux, & forme une armée qui ne tend pas à moins qu'à renverſer le Trône. La Reine Mere s'enfuit de Paris avec le Roi. Ce Tribunal leve de ſon chef des contributions, taxe ceux qui doivent fournir aux fraix de la guerre, & ſaiſit les revenus de ceux qui ne veulent pas ſe prêter à cette ſédition. Il met à prix la tête du premier Miniſtre; mais ce qui le déshonore à jamais, eſt d'avoir donné audience à un Envoyé du Roi d'Eſpagne, qui promettoit, au nom du Roi ſon Maître, dix-huit mille hommes qui devoient troubler l'Etat. Et afin que rien ne manque à ſa rébellion, il donne ordre à ſa milice de

Courre fur la Maifon du Roi, & d'enlever ce Prince. Si la chofe eût réuffi ; on eût vû un Roi de France prifonnier de guerre d'un Tribunal de juftice. Les réflexions viennent ici de toutes parts ; je ne ferai que celle-ci : lorfque des Juges ont une fois perdu le refpect qu'ils doivent à leur Souverain, on peut s'attendre à toute forte d'injuftice de leur part.

CHAPITRE XII.

Des Interprétations données aux deffeins des Parlemens.

CEux qui ont cherché à donner une interprétation favorable à la révolte de nos Parlemens, ont dit que ces Corps vouloient le bien de l'Etat. Il n'y a point de mot auquel on ait donné plus de différentes interprétations qu'à celui-ci. On a fouvent pris ce bien pour la faculté de faire le mal. Si on lit avec attention l'Hiftoire générale des Gouvernemens, on trouvera que c'eft à ce nom qu'on doit la plupart des révolutions qui ont troublé ce grand Corps politique.

Lorfque dans nos guerres civiles, les chambres Affemblées délibéroient de faire la guerre au Roi & à la Monarchie ; qu'elles avoient des armées , & des Généraux à leurs gages ;

qu'elles

qu'elles forçoient le Monarque à descendre du Trône, & de s'enfuir de sa Capitale ; qu'elles mettoient des impôts sur les sujets, taxoient les portes cocheres, pour avoir de quoi troubler l'Etat, tout cela étoit censé fait pour le bien de l'Etat.

Lorsque le Parlement d'Angleterre changeoit la constitution fondamentale, qu'il versoit le sang de la Nation, qu'il faisoit égorger tant d'Anglois, qu'il renversoit le Trône, & faisoit mourir son Roi sur un échaffaut, tout cela étoit encore fait pour le bien de l'Etat : de maniere que ce bien fut presque dans tous les tems la source des plus grands maux.

C'est une grande question si dans un Gouvernement, un Corps politique particulier doit s'intriguer pour le bien de l'Etat.

Il faut distinguer les institutions, sans quoi on s'écarte des principes, & l'on donne dans l'arbitraire. Dans la Démocratie où chaque Citoyen est censé avoir dans ses mains les droits de la République, un chacun peut & doit veiller à ce bien. Dans l'Aristocratie, où un Corps, ou plusieurs corps particuliers ont la Souveraine puissance, ils doivent aspirer au même but ; car qui est-ce qui penseroit au bien de l'Etat, si ce n'est ceux qui sont institués pour diriger le Gouvernement ? Il n'en est pas de même dans la Monarchie, où la Souveraine puissance étant dans les mains d'un seul, les Corps particuliers ne sauroient sortir d'un certain ordre de subordination sans désoler tout.

E

Il faut, une fois pour toutes, fe mettre dans l'efprit ce que c'eft que ce bien dont tout le monde parle, & que fi peu de gens connoiffent. Ce qu'on appelle de ce nom eft une chofe relative. Elle dépend du tems, du lieu, & des circonftances. Il arrive fouvent que ce qui eft un bien dans un tems, eft un mal dans un autre.

Si les Souverainetés étoient fixes, on pourroit établir des regles immuables, pour faire jouir les Peuples de cette félicité, à laquelle toutes les fociétés afpirent, mais les Gouvernemens étant dans un état forcé, les caufes générales forcent prefque toujours les particulieres.

Il peut arriver qu'un Etat avec de bonnes loix, & une meilleure conftitution, ne jouiffe pas de ce bien; parce que celui-ci tire fa fource d'un enchaînement de révolutions indépendantes de fon inftitution.

Par exemple le bien de l'Etat tient beaucoup à l'aifance publique, parce qu'elle eft la fource du bien-être de chaque Citoyen; mais c'eft une expérience éternelle que les Gouvernemens les plus fages ne jouiffent pas toujours de cette aifance. Témoin l'Angleterre, qui avec la meilleure forme d'adminiftration en eft privée. Il n'y a qu'à voir l'état de fes dettes, le Gouvernement ne s'eft foutenu jufqu'ici que par des impôts réitérés, c'eft-à-dire en accablant fes Peuples. Tout eft perdu dans une Monarchie, lorfqu'un Corps fujet y veut établir des maximes fixes fur une chofe qui ne tient ni aux Loix ni à la conſtitution fondamentale d'un Etat ; car il faut faire la différence entre la police particuliere d'une ſociété, & l'adminiſtration générale de cette même ſociété. L'une lui appartient, l'autre lui eſt étrangere, parce qu'elle eſt liée avec les révolutions de la République générale, qui ſont preſque toujours au-deſſus des moyens qu'il pourroit prendre pour les prévenir. Lorſ-qu'un Tribunal, ou quelqu'autre Corps po-litique ne ſe forme pas des idées juſtes là-deſſus, le trouble & la confuſion entrent dans l'Etat par la porte qu'ils devroient défendre.

CHAPITRE XIII.

D'un préjugé ſur l'Autorité Royale.

ON entend dire tous les jours qu'il faudroit en France un Corps politique qui balançât la puiſſance de nos Rois. Il n'y aura donc que notre âge qui aura découvert ce vice de notre conſtitution ? Mais ſi c'eſt un vice, nos premiers Légiſlateurs n'y auroient rien enten-du en rendant leur pouvoir indépendant de tout pouvoir. Ce ſeroit parler bien tard que de parler après douze cents ans.

Nos Monarques, ajoute-t-on, ſont trop abſolus : mais ſi c'eſt là la nature de notre Gouvernement, ſi nos loix y ſont par-tout

E 2

analogues, fi notre conftitution fe rapporte à ce principe fondamental, eft-ce à nous à chercher à le reformer.

Ce qui gâte la tête là-deffus, font les réflexions que l'on fait fur les autres Gouvernemens.

On cite éternellement les Brétons, dont le Parlement veille fur les droits de la Nation ; mais ce font des Anglois & nous fommes François ; leur conftitution eft différente de la nôtre. C'eft comme fi nous nous plaignions de notre exiftence, ou d'être nés ce que nous fommes. Chaque continent a fes plantes particulieres qui tiennent à fon phyfique. Chaque Peuple a un Gouvernement qui tient à fon climat. Vouloir que toutes les fociétés foient adminiftrées fur le même plan, eft un projet auffi vain qu'impraticable. Le defpotifme convient à l'Afie : c'eft le Ciel qui y rend les hommes efclaves. Il n'y a point de conftitution libre qui tienne. Si on en banniffoit les Sultans, ils y renaîtroient d'eux-mêmes. Et fi parmi nous Européens on profcrivoit quelque Gouvernement, on le verroit dans peu renaître de fes propres cendres ; témoin les Anglois au milieu du fiecle paffé, qui après bien des chocs, & des fecouffes, furent obligés de reprendre le Gouvernement qu'ils avoient banni. Il eft vrai que quelques Princes ont changé le génie de leurs Peuples, mais ils n'ont frappé que fur les abus, & non point fur la Conftitution fondamentale. Sans quoi ils fe feroient fait autant de mal qu'à leurs fujets.

Pour que la France jouiffe de fa puiffance, il faut que l'autorité de fes maîtres foit pleine. L'hiftoire de cette Monarchie nous apprend que fes tems les plus foibles furent ceux auxquels les Rois fe laifferent dépouiller de cette autorité. Tout fut dans le trouble, la foibleffe & la confufion, pendant que cette anarchie dura. Ce ne fut qu'après que Richelieu eut rendu tous fes droits à la Couronne, que la Monarchie jouit de fa profpérité.

Nous venons de dire que la meilleure forme du Gouvernement eft celle qui s'accorde le mieux avec le climat fous lequel on vit. En ce cas le Gouvernement abfolu convient mieux aux François que tout autre. Le phyfique n'y donne pas des vertus affez déterminées pour vivre fous un Gouvernement qui s'approcheroit plus du Républicain. Un fyftême mixte cauferoit des maux effroyables en France.

Dans tous les âges les hommes fe font laiffés gouverner par un nom, ou par une image qui repréfente ce nom. L'image du Roi gravée dans le cœur des François, fait qu'on eft porté à l'aimer, & de cet amour naît dans chacun l'accompliffement de fes devoirs. Si on diminuoit fon autorité, on l'aimeroit moins, & tout feroit perdu.

Voici d'autres réflexions. Quand les Légiflateurs conviennent que le phyfique influe

E 3

fur l'adminiſtration publique; en ce cas la France changée en état mixte, ou en Corps politique, en balançant le pouvoir de nos Rois, la feroit pencher vers la République, ce qui feroit un Gouvernement monſtrueux.

Le climat n'y a pas une qualité aſſez déterminée. Il y manque de cette force qui rend un Peuple conſtant. Les vertus & les vices y flottent, pour ainſi dire, au gré des caprices de la Nation. Cette légéreté, livrée à elle-même, feroit très-dangereuſe, elle produiroit des effets funeſtes. Il faut que le François ait un Maître, & que ce Maître ſoit abſolu. Je ne dis pas qu'il doive être eſclave, mais ſujet dépendant, ce qui emporte une grande autorité de la part du Prince, & une ſoumiſſion aveugle dans le ſujet.

Qu'on nous laiſſe tels que nous ſommes, diſoit un Gentilhomme qui cherchoit à s'oppoſer à la réforme de nos mœurs & de nos manieres.

On peut dire de même de notre adminiſtration, qu'on la laiſſe comme elle eſt. L'indifférence dans laquelle nous vivons à l'égard de notre dépendance, eſt un gage de notre liberté. Il eſt rare qu'une Nation qui met toute ſa confiance dans le Prince qui la gouverne, tombe dans la ſervitude. Tant de Rois qui n'ont pas cherché à nous rendre eſclaves, nous aſſurent que nous ne les deviendrons jamais.

Mais il y auroit un autre inconvénient en ſuivant le plan que des eſprits inquiets &

innovateurs voudroient fuggérer , c'eft que
cèt établiffement arrêteroit le génie de la
Nation, qui n'eft point naturellement portée à
ces débats néceffaires pour foutenir la balance
de deux pouvoirs qui doivent toujours fe
maintenir en équilibre. Dans quel danger ne
feroit point la France, fi une Chambre de
Communes s'établiffoit à Paris ? Ceft-à-dire
un Parlement tel que l'efprit de parti a cherché à former. Toutes les Puiffances intermédiaires fubordonnées en feroient allarmées.
Les différens ordres de l'Etat fe fouléveroient,
chaque Corps de la République prendroit
parti. Comme la Nation n'auroit plus de Protecteur, & que la fubordination qui la retient
dans la foumiffion depuis tant de fiecles, feroit détruite, elle fe livreroit à toutes fortes
d'excès. Des guerres civiles défoleroient la
Monarchie. Les troubles de la Ligue, les
Barricades, & une infinité d'autres divifions,
excitées pour des caufes bien plus légeres,
que celles d'un Parlement qui s'empareroit
d'une principale branche de l'autorité Royale,
en font foi. Lorfqu'on jette les premiers fon-
demens d'un établiffement nouveau ; c'eft
toujours le caractere de la Nation qu'il faut
confulter.

CHAPITRE XIV.

D'un autre Préjugé.

ON entend dire auſſi tous les jours, qu'il faudroit un Tribunal qui veillât à l'adminiſtration publique, afin que les affaires d'Etat étant moins arbitraires, la Monarchie eût un état plus fixe.

On a parlé ſouvent d'un Sénat qui fixât nos Finances ; qui fût le ſage diſpenſateur des revenus publics; qui allât au-devant de ſes dettes, qui en appauvriſſant la Nation de mille manieres, la rendent inſolvable; qui ôtât la Monarchie des mains de ces Miniſtres, qui la déſolent autant par leur incapacité que par leur génie, qui prévînt ces guerres ruineuſes où la Nation en perdant tout, n'acquiert pas même de la gloire. Mais notre Monarchie n'eſt pas faite comme cela. Elle va par une autre allure, ſes reſſorts tirent leur activité d'un principe unique. Il ſeroit dangereux de changer ſon mouvement. Cet ordre ouvriroit lui-même la porte à pluſieurs déſordres. L'Etat ſeroit trop Monarchique, & ne le ſeroit pas aſſez. L'Hiſtoire de tous les Pays, & de tous les tems nous apprend que le Gouvernement mixte n'a jamais réuſſi, parce que les deux Corps légiſlatifs qui le compoſent, cherchent toujours à pren-

dre les uns fur les autres, & pendant ce
tems-là l'Etat politique & civil fouffrent des
maux incroyables. Je dirois encore ici, qu'on
nous laiffe comme nous fommes. On ne doit
rien changer dans un Etat qui a fubfifté
douze fiecles dans le même ordre. Sa durée
eft garante de la bonté de fon Gouvernement.

CHAPITRE XV.

Autre Paradoxe infoutenable.

LEs Parlemens ont fait fentir adroitement
dans leurs Remontrances, que nos Rois
avoient ufurpé une trop grande autorité. Il
eft étonnant qu'on puiffe reprocher à ces Magiftrats de n'être pas même Jurifconfultes dans
cette caufe, & qu'ils fe foient avifés de juger
ce fameux procès fans preuves. Si ces Tribunaux avoient été fondés, ils n'auroient pas
manqué de faire le procès à la mémoire de
nos Rois. On les eût vu rapprocher les différens âges de la Monarchie, & citer ceux
de nos Souverains trop defpotiques; mais ils
n'ont garde d'ouvrir les Annales de la France,
ils ont foin d'écarter les faits. On ne nous donne
point l'Hiftoire de cette ufurpation dont on
nous parle tant. Les Parlemens veulent qu'on
les en croie fur leur parole.

C'eft une juftice due à nos Rois, que fideles
à la Couronne, ils n'en violerent jamais les

droits : Maîtres de grands Corps de Troupes, dont ils avoient le commandement en Chef, ils étoient en état de tout entreprendre : avec tant de moyens de faire de vils esclaves, ils ne penserent qu'à faire de bons sujets ; c'est une gloire dont peu de conquérans peuvent se vanter. Qu'on ouvre les Annales Politiques de l'Univers ; qu'on lise l'Histoire de tous les Héros, on n'en trouvera point ou presque point qui n'ayent abusé de leurs victoires. Alexandre mit les fers aux pieds des Nations qu'il vainquit. César enchaîna l'Univers entier. Nos Rois ne firent passer sous le joug tant de Peuples que pour leur faire goûter la douceur d'un bon Gouvernement.

Au lieu de détruire les pouvoirs intermédiaires, ils les raffermirent. Toutes les fois qu'il fut question de quelque affaire qui intéressoit la gloire ou la fortune de la France, ils convoquerent les Etats-Généraux, c'est-à-dire la Nation. Les Monarques qui sont jaloux de leur autorité ne cherchent pas à la partager ainsi avec les Corps politiques.

Les Etats ne dégénerent pas tout-à-coup, leur corruption est l'ouvrage du tems. Il faut plusieurs siecles pour changer l'ordre des choses. Un Roi qui voudroit se rendre trop despotique, passeroit pour un Tiran, & à cause de cela même échoueroit.

CHAPITRE XVI.

De l'Enrégistrement en lui-même.

L'Enrégistrement n'est point lié avec l'établissement du Parlement de Paris. Cette formalité lui est tout-à-fait étrangere, elle n'entre ni avec sa fondation, ni avec sa durée. Comment ce Tribunal auroit-il pu s'attribuer le droit de vérifier les Arrêts publics, lui qui n'en avoit d'autres que de donner quelques sentences particulieres ? Il suffit de l'aveu qu'il en fait lui-même. Il fallut attendre que le tems & la prévention eussent fait imaginer que pour que les Ordonnances de nos Rois aient force de loi, elles devoient être écrites dans un livre.

Comme la plupart des choses humaines tiennent à une combinaison aveugle qui décide des plus grands événemens, l'enrégistrement, qui étoit une chose arbitraire, devint une prérogative. Il suffit de remonter à son origine. Tout le monde sait que sans un particulier, qui du tems de Philippe-le-Bel, avoit ramassé pour son usage un registre des anciens Edits, il n'eut jamais peut-être été question d'enrégistrement. En effet, il est indifférent en loi que les Décrets de nos Souverains soient écrits dans un registre, ou ne le soient point.

Encore moins que ce regiſtre ſoit dans les mains d'un certain Corps politique, plutôt que dans un autre. Cette circonſtance ne change rien aux Edits. Elle ne leur donne ni plus de force, ni moins de vigueur. Les regiſtres du Parlement de Paris ſont des ſimples Annales, dont l'utilité ſe réduit à éviter de longues recherches dans la mémoire des hommes. Ce fut là l'eſprit de l'enrégiſtrement. La légiſlation ne pourroit pas lui en donner d'autres, parce qu'elle n'en avoit point d'autres à lui donner.

CHAPITRE XVII.

Des Repréſentations.

LE droit de repréſentations fut uſurpé comme celui de l'enrégiſtrement. Un Tribunal établi pour juger quelques Procès civils, ne devoit pas avoir la faculté de parler, à moins que nos Rois ne lui déliaſſent la langue. La premiere fois que le Parlement de Paris ouvrit la bouche, fut pour aviſer le Gouvernement que les grains manquoient au Royaume ; ce qui étoit plutôt un objet de police qu'une affaire d'Etat. On peut moins traiter cette premiere démarche de repréſentations que d'expoſitions ; mais lorſqu'à celles-ci on joignit l'oppoſition, le Parlement ſit

voir un attentât contre les droits de la Couronne. J'appelle oppofition, celle de fufpen-
dre par des repréfentations les Arrêts du Souverain. Le droit de repréfenter fe borne à la
repréfentation ; lorfqu'il paffe au-delà , il perd
fon nom & acquiert celui d'oppofition.

Les Rois ne peuvent avoir accordé ce droit
à leurs fujets que pour les informer, jamais
pour les contraindre, & ils le font, lorfque
leur volonté fe trouve gênée par de longs
préambules fur leurs Ordonnances.

Ces repréfentations font d'autant plus at-
tentatoires, qu'elles fufpendent, du moins pour
un tems, l'adminiftration publique, & fi elles ne portent pas toujours atteinte à l'autorité Royale, elles font toujours foupçonner
au Peuple qu'ils font gouvernés d'une maniere
qui n'eft pas raifonnable ; ce qui eft un crime
de Lèze-Majefté au premier chef, n'y ayant
rien qui mene plutôt un Peuple à la révolution que le mépris pour une adminiftration
qu'on croit mauvaife.

Il eft vrai que nos Rois peuvent fe mettre à l'abri de cette oppofition en établiffant
leur lit de juftice ; mais le remede découvre
lui-même le mal. Il fait voir qu'il y a un Corps
politique dans l'Etat qui s'oppofe aux volontés du Souverain.

CHAPITRE XVIII.

De l'Opposition à l'Enrégistrement.

L'Opposition à l'enrégistrement n'est pas mieux fondée que l'enrégistrement lui-même. C'est un droit chimérique enté sur une prérogative imaginaire. Ni l'un ni l'autre ne tient à l'institution fondamentale. Ils sont venus après l'établissement de la Monarchie. Ainsi toutes les fois que le Parlement de Paris voudra établir l'enrégistrement comme une prérogative attachée à son Corps, on pourra le lui disputer. Il est étonnant qu'on ait pu supposer que la Couronne la plus indépendante de l'Univers soit subordonnée à une Magistrature particuliere, & que le Roi le moins dépendant ait besoin de l'aveu d'un Tribunal de justice pour taxer ses sujets.

On vient de voir dans le Chapitre précédent que cet établissement fut fait pour trouver dans un livre l'ordre chronologique des Ordonnances de nos Rois, jamais pour s'y opposer.

On se seroit épargné là-dessus bien de raisonnemens & d'écrits inutiles, si on avoit voulu prendre la peine de remonter à l'origine des choses. Il suffisoit d'examiner la nature & le principe de chaque institution. Un Etat Mo-

narchique dégénéreroit en Gouvernement po-
pulaire ou Aristocratique, s'il y avoit au-des-
sus de lui un Corps politique de qui il dé-
pendît, comme une République changeroit de
forme, s'il y avoit au milieu d'elle un Prince
qui s'opposât aux desseins du Sénat.

Dans l'opposition des Edits Bursaux, ou
autres portant création des taxes, le Parlement parle toujours des besoins du Peuple,
jamais de ceux du Prince.

Rien n'est si exact que le tableau qu'il fait
de l'impuissance où il est de les payer. Il se
ressouvient de toutes ses vicissitudes, il n'oublie que celles de la Couronne.

On diroit qu'il ne prend le titre de pere du
Peuple que pour devenir le Tyran du Roi;
en voulant lui ôter le plus légitime de ses
droits, celui de disposer des revenus publics
pour la sûreté publique. On y parle continuellement d'une meilleure forme d'administration, d'ordre, d'économie. Ces pieces décident de la fortune de la France, comme
un particulier regle les revenus de sa maison.

Qui ne sait que l'épuisement des Finances
tient à des causes premieres, qui sont souvent
indépendantes de la meilleure forme d'administration? Il est étonnant qu'on ait pu reprocher au Parlement d'ignorer ce dont les hommes les moins instruits en politique sont in-
formés.

Depuis la grande révolution qui a changé
la face de notre monde, l'Europe est devenue
un vaste corps, dont les Etats particuliers sont

les membres. Tous les Gouvernemens font
dans un Etat forcé. Ils ne font pas plus les
Maîtres de prévenir les guerres que de les
faire. Ces Batailles réitérées, d'où naît l'épuifement des Finances, qui caufe ces maux dont
on fe plaint tant, tirent leur origine des révolutions générales, qui font indépendantes
des fyftêmes particuliers de chaque Etat. Par
un malheur attaché à la condition de la Société Civile, un Gouvernement peut être bien
adminiftré, & néanmoins trés-épuifé : c'eft
qu'il lui a fallu, pour fe foutenir dans un
état de force refpective, facrifier fes Finances. Ainfi fes viciffitudes font une fuite de
fon état naturel. Se plaindre de ce défordre,
c'eft fe plaindre qu'il eft un Gouvernement
politique.

Sur quelques Edits Burfaux que la Cour
avoit fait paffer au Parlement pour enrégiftrer, ce Corps imagina d'envoyer à Verfailles
une députation pour propofer un nouveau
plan de Finances. *Meffieurs*, lui dit un Miniftre d'Etat qui fe trouvoit là : *nous vous
ferions bien plus obligés, fi vous vouliez nous
donner un nouveau plan général de politique.*

Les Députés avouerent que ce n'étoit pas
là leur partie, & qu'ils n'y entendoient rien.
Hé bien, leur dit l'homme d'Etat, *comment
voulez-vous remédier aux maux dont vous vous
plaignez, fi vous en ignorez la caufe ?*

Lorfqu'on crée quelque nouvel impôt pour
fubvenir aux dépenfes extraordinaires, le Parlement a toujours cette réponfe prête : que le
Peuple

Peuple ne peut pas le payer. Mais qui doit
fupporter ces charges, que ce même Peuple
qui repréfente l'Etat, & qui ne paye que pour
fa fûreté. Il eft furprenant que ce Tribunal,
qui fixe toujours les yeux fur les membres,
ne voie jamais le Corps ?

Pour qu'un Corps politique fe refufe aux
charges publiques, il faut qu'il connoiffe &
les befoins du Peuple, & celui de l'Etat;
connoiffance très-compliquée, & qui n'eft jamais bien fue que de ceux qui ont été long-
tems à la tête de l'adminiftration, & qui ont
blanchi dans les affaires du Gouvernement.

L'oppofition des Arrêts, portant création
de nouvelles taxes, eft non-feulement contraire
aux loix fondamentales, mais elle eft encore
injurieufe à la majefté du Prince, en faifant
foupçonner lui & fon Confeil de mauvaife
adminiftration. Cette oppofition fuppofe deux
chofes; l'une que l'Etat peut fe paffer des
taxes que ces Arrêts impofent; l'autre que
les fommes que le Roi demande à fon Peuple doivent être employées à toute autre chofe
qu'aux befoins de l'Etat; car fi le Parlement
fuppofoit ces befoins réels, il ne s'oppoferoit
pas à ces impôts néceffaires.

Le double inconvénient eft que le Monarque ne peut point juftifier fes Ordonnances
fans expofer l'Etat : en effet dans quel danger ne feroit pas la Monarchie ? Il faudroit
pour cela faire une publicité de l'état des
chofes & inftruire l'Europe de la fituation
actuelle de la France; entrer dans cette lon-

F

gue fuite de détails qui, depuis un fiecle, affligent la Monarchie ; déchirer le voile qui couvre ces vicifitudes que nous devons cacher à nos voifins ; percer au travers de ces administrations dont les malheurs des tems ont forcé l'ordre & l'économie : faire connoître les refforts cachés des Cabinets étrangers , & les moyens difpendieux qu'on a employé pour s'oppofer à leurs deffeins ; en un mot faire de tous les Membres du Parlement autant de Secrétaires d'Etat.

Outre ces grands canaux d'épuifément dont on vient de parler , il en eft d'autres qui ne font pas moins ruineux.

Comme le Gouvernement ne doit pas toujours agir par fa force, crainte de trop ufer fa puiffance, il y a des cas, où au lieu de faire la guerre, il convient d'acheter la paix. Souvent la neutralité eft plus ruineufe que les Batailles. Il en coûte plus quelquefois pour mettre bas les armes que de les porter. On paye ceux qui fe battent pour la caufe commune. Au lieu de Soldats, on fournit de l'argent. Mais il faut que ces dépenfes foient enfevelies dans le filence de la négociation.

Si toutes ces chofes devenoient publiques, il n'y auroit plus de fûreté. La politique perdroit ce myftere d'où dépend prefque toujours fa réuffite. La décadence d'un Etat ne doit être connue que de ceux qui le dirigent.

Comme tout doit être public dans les Républiques, il faut que tout foit fecret dans l'adminiftration d'un Etat. Le fecret eft l'ame de l'Etat Monarchique. Dans quel danger ne feroit pas ce Gouvernement, fi fa pofition venoit à être apperçue de la politique générale, & que la conviction de ces viciffitudes prît un caractere de publicité ? Par-tout des Cabinets prévenus, par-tout des ennemis préparés, par-tout des armées prêtes. J'aurois bien d'autres réflexions à faire là-deffus, mais il ne faut pas toujours épuifer un fujet. Il s'agit bien moins de faire lire que de faire penfer.

CHAPITRE XIX.

Chambre Royale mife en dérifion.

LE Parlement de Paris avoit pris un tel afcendant, qu'on n'imaginoit pas qu'un autre Tribunal pût le fuppléer. Tel eft l'effet de l'habitude & de la prévention. La Chambre Royale fubftituée au Parlement du tems de Louis XV, ne fut pas plutôt créée, qu'elle fut tournée en ridicule, & devint un objet de dérifion. Il fuffifoit de réfléchir que nos Rois qui avoient fondé le Parlement, pouvoient de la même main créer une Chambre Royale ; mais il eft des tems où il ne faut pas demander aux hommes de réfléchir, ils n'en font pas capables. Il étoit bien aifé de penfer auffi que des Juges Parlementaires ou de Juges Royaux, étoient les mêmes Juges, qui n'avoient rien de différent que le nom. Il fuffifoit de faire attention que la même autorité qui avoit fait les uns, avoit celle de faire les autres, mais on ne fit pas encore cette attention. Le Parlement fouffloit fous main le feu de la difcorde, il défendoit aux parties de faire juger les procès devant ce nouveau Tribunal. Le grand point étoit de lui ôter toute forte de confidération, perfuadé que lorfqu'il feroit fans crédit, il feroit fans Cliens ; c'eft ce qui ne manqua pas d'arriver. De toutes les rebellions du Parlement, celle-ci eft une des plus grandes. On peut la mettre au rang des crimes de Lèze-Majefté au premier chef : ôter à un Souverain le droit d'établir un nouveau Tribunal, ou ce qui eft le même, lui faire perdre toute confidération, c'eft attenter contre fa puiffance même.

CHAPITRE XX.

Les Avocats & les Procureurs refufent de plaider à la Chambre Royale fubftituée au Parlement.

IL faut que les loix foient exécutées, & qu'il y ait des gens de loi pour les faire exécuter. Peut-être que les Avocats & les Procureurs font nuifibles à l'Etat, & encore plus aux procès. Il n'y en a point dans les trois autres parties de la terre. L'Europe feule connoit ces deux triftes profeffions. Ceux qui cherchent à les protéger, difent : que dans Paris feul, le Bareau donne à vivre à un grand nombre de Citoyens, c'eft ce qu'il y a de plus mal. Lorfque dans une Capitale cinquante mille hommes vivent fur la juftice, il n'y a plus de juftice. La chicane qui augmente dans la proportion des gens de loi, détruit le bon droit. Toutes les fois que le Parlement fut interdit de fes fonctions, les Avocats & Procureurs interdirent les leurs ; ce qui caufa de grands défordres dans la Monarchie ; par-là toutes les procédures furent arrêtées. Cette fufpenfion de fervice avoit été préparée par les Juges qui leur avoient fait promettre qu'ils ne plaideroient devant aucune autre Cour que la leur. Ainfi ce nouveau défordre venoit de la part du Parlement, qui foufloit le feu de la difcorde, & étoit rébel jufques dans fon exil.

CHAPITRE XXI.

Attentât contre le Roi.

AU milieu des troubles dont la France étoit agitée par les difputes fur les Parlements, la Nation devint furieufe. Le fanatifme gagne les cœurs. Les François perdent l'amour qu'ils ont pour leur Roi. Dans le délire prefque univerfel, la vie du Monarque n'eft pas

en sûreté , au milieu même des gardes qui
doivent répondre de sa personne. C'est que
dans cette prévention générale, le dernier
des sujets peut attenter sur ses jours. Un homme
né dans la bassesse & l'obscurité, à qui les
affaires du tems avoient blessé l'imagination,
prend la résolution de porter ses mains sacri-
lèges sur son Maître. On a écrit (1) qu'il ne
vouloit pas le tuer, mais seulement lui donner une leçon pour le rendre plus docile a
l'égard du Parlement. (2) Un sujet qui frappe
son Prince avec un fer ne fait pas si la mort
ne consommera pas son crime. On sait que
la plus légere blessure peut devenir mortel-
le : cela dépend de la disposition qui se trouve
alors dans le sang. Exemple terrible qui apprend aux Souverains de ne pas laisser prendre trop d'autorité aux Corps politiques su-
bordonnés ; car lorsque leur domination est
une fois établie, on ne peut faire cesser
leur ascendant sans quelque catastrophe.

---

(1) Mons. de Voltaire dans l'Histoire du Parlement.
(2) Il donne conseil au Roi dans sa déposition, de
remettre son Parlement, & le soutenir, preuve que
son zèle pour le Parlement, lui avoit tourné la tête.

CHAPITRE XXIII.

De la Corruption du Parlement.

LE changement qui se fit dans ce Tribunal, ainsi que dans les autres, n'est pas difficile à deviner : on en trouve la cause dans
le désordre de nos Finances. Tandis que la
vertu conduisit sur les bancs, que le mérite
décida de la place, que la justice ne fut con-
fiée qu'à des graves Magistrats, elle ne fut
point corrompue, mais tout fut perdu ; lorsque la Finance décida de la place, que la
somme précéda la charge, qu'on acheta le
droit de donner des sentences, & que tout
homme avec de l'argent put se faire Juge.
Tout fut perdu, lorsqu'après avoir tout vendu, on vendit encore la seule chose qui res-
toit pour rétablir l'Etat, l'administration de
la justice.

Monsieur de Montesquieu prétend que cette
vénalité peut convenir au Gouvernement Monarchique. Il se trompe, c'est comme, suivant la remarque d'un ancien Auteur (1), si
un quelqu'un prétendoit devenir Pilote pour
son argent, seroit-il possible que cette vénalité, ajoute-t-il, ne convînt qu'à la seule chose

_____
(1) Platon.

qui demande plus de fuffifance & de capa-
cité? Ce Préfident dit, que quand le numéraire
ne décideroit pas des Magiftratures, l'avarice
& les confidens du Prince en difpoferoient
tout de même; il ne veut donc parler que
d'un Gouvernement Monarchique corrompu.

On a beau vouloir dans nos tems modernes confondre la Politique avec la Morale;
celle-ci a des loix inviolables qui font indépendantes de la maniere de penfer des hommes. Il eft rare que la fortune & la probité
marchent enfemble, c'eft une expérience éternelle que les richeffes gâtent les mœurs. C'eft
qu'elles nous fourniffent les moyens de fatif-
faire nos paffions. Or de la fatisfaction des fens
à la corruption il n'y a qu'un pas, & ce pas
on le franchit prefque toujours.

La vertu & les talens qui élevent aux di-
gnités font ordinairement accompagnées de la
douceur & de la modération; parce que le
mérite perfonnel qui marche à pas comptés,
trouve fur fon chemin d'autres vertus qui,
pour me fervir de cette expreffion, s'incor-
porent avec celles qu'il a déjà, ce qui donne
un nouvel éclat aux premieres, au lieu que
ceux qui parviennent tout d'un coup fur les
bancs pour de l'argent, ne rencontrent fur
leur chemin que d'autres vices qui fe mêlent
avec ceux qui tenoient déjà de la corruption
de leurs propres richeffes, ce qui fait le Corps
de Magiftrature le plus corrompu.

Qu'on compare ces Juges qui ont financé
leurs charges, avec les Magiftrats que le mé-

rite & le talent ont élevé à ce rang. On voit d'un côté l'ordre, la probité, l'équité, la justice; & de l'autre le faste, l'ignorance, l'oftentation, l'orgueil, le défir de fe rendre indépendant, autant de maladies de l'ame inféparables de ceux qui s'élevent à la Magiftrature par les moyens. J'aurois bien d'autres réflexions à faire là-defus, mais je ne ferois que prévenir celles du lecteur.

CHAPITRE XXIII.

Entreprifes des Parlemens fous le Regne de Louis XV & Louis XVI.

APrès la mort de Louis XVI, Philippe d'Orléans, qui vouloit gouverner la France, fe rendit au Parlement, comme nous venons de dire, où il fe fit déclarer Régent du Royaume. Ce Prince qui avoit des lumieres, vit par ce coup d'autorité ce qu'on devoit craindre d'un Tribunal qui caffoit le teftament de fon Roi, comme il eût caffé celui d'un fimple particulier. Lorfqu'un Corps qui ne doit décider que des Procès de la Nation, décide encore de l'autorité royale, tout eft confondu dans l'Etat. La Couronne perd fes droits. Il n'y a plus de Monarchie, parce que ceux qui devroient obéir au Monarque, veulent commander au Monarque.

Louis XIV, avoit proscrit du Parlement, les remontrances, qui avoient caué tant de troubles dans le Royaume. La premiere chofe que fit ce Corps, après avoir été rebelle aux difpofitions de ce Prince fur l'administration publique, fut de l'être à fes Ordonnances. Il recommença à remontrer avec plus d'audace qu'auparavant, c'est-à-dire à méprifer les Arrêts de fon Maitre.

Rien ne marque plus un Corps defpotique & qui cherche à ufurper l'autorité fuprême, que l'Arrêt qu'il rendit dans cette occafion. Non-feulement il décida de la Régence, mais encore du Confeil que devoit former la Régence. Il nomme fes Membres, & regle la forme de fon adminiftration. Les termes de cette délibération font remarquables. Ils forment enfemble un corps complet d'ufurpations fur l'autorité royale. ,, Les Chambres ,, affemblées, dit l'Arrêt, ont déclaré & décla- ,, rent Monfieur le Duc d'Orléans Régent du ,, Royaume, ordonnent que le Duc de Bour- ,, bon fera dès-à-préfent Chef du Confeil de ,, Régence fous l'autorité du Duc d'Orléans, ,, que les Princes du Sang Royal auront auffi ,, entrée audit Confeil, lorfqu'ils auront at- ,, teint l'âge de vingt-trois ans accomplis ,, &c. &c.... "

Quand la puiffance légiflative auroit préfidé elle-même cette délibération, elle n'auroit pas parlé autrement; mais le plus grand coup d'autorité qu'il frappa, fut d'empêcher la tenue des Etats-Généraux, dont le pouvoir

marche directement après celui de la Couronne. Il étoit queſtion de ſavoir ſi les Privileges que Louis XIV avoit accordés au Duc
Du Maine & au Comte de Toulouſe ſes fils
naturels, devoient avoir lieu. Il les avoit dé-
clarés Princes du Sang & héritiers de la Couronne après l'extinction de la race des vrais
Princes du Sang. Cet Edit avoit été enrégiſ-
tré ſans aucune oppoſition : cependant il le
caſſa comme il avoit fait le teſtament de ce
Prince, les déclarant incapables de regner
par leur naiſſance. Par-là il ſe rebelloit non-
ſeulement contre les diſpoſitions de ſon Maître, mais diſpoſoit encore de la ſucceſſion à
la Couronne. Ce Corps qui en faiſant un Régent, ſe crut au-deſſus de la Régence, ne
donna jamais d'autre nom à ce premier Prince
du Sang que celui de *Monſieur*.

Pour le malheur de la France, le Parlement
qui cherchoit à devenir très-deſpotique, étoit
très-peu éclairé. Il n'entendoit rien aux Finances, qui dans nos tems modernes, décident de
la fortune des Etats. Il ſouffrit qu'un étranger boulverſât la France, & changeât la face
de la Monarchie. On vit clairement par toutes ſes démarches qu'il ignoroit entiérement
le ſyſtême de Law, & que ſon incapacité le
mettoit hors d'état de mettre en uſage les
moyens de prévenir la ruine de pluſieurs millions de ſujets. Cependant ce Tribunal uſur-
poit toujours & devenoit de jour en jour plus
rebelle ; il rendit un Arrêt par lequel il dé-

fendoit d'obéir à une Ordonnance que le Roi avoit rendue.

Sa défobéiffance augmentant tous les jours, & cette affemblée de Juges affectant de fe rendre les maitres de la France, Monfieur d'Argenfon parla ainfi dans un Lit de Juftice tenu aux Thuilleries.

,, Il femble que le Parlement a porté fes ,, entreprifes jufqu'à prétendre que le Roi ne ,, peut rien fans fon aveu, & qu'il n'a pas ,, befoin de l'ordre & du confentement de ,, Sa Majefté pour ordonner ce qu'il lui plaît.

,, Ainfi, *ajoute-t-il*, le Parlement pouvant ,, tout fans le Roi, & le Roi ne pouvant ,, rien fans fon Parlement, celui-ci deviendroit bientôt Légiflateur néceffaire du ,, Royaume, & ce ne feroit plus que fous ,, fon bon plaifir que Sa Majefté pourroit ,, faire favoir à fes fujets quelles font fes in- ,, tentions. "

Il lui fut défendu de fe mêler jamais d'aucune affaire d'Etat, ni de Finances, mais il n'obéit point, & s'en eft toujours mêlé depuis.

Le Lit de Juftice qu'on avoit tenu exprès pour le faire rentrer dans fon devoir, l'ayant beaucoup humilié, il prit le parti de fe rébeller ouvertement ; il protefta par un Arrêt contre cette Affemblée. Il alla plus loin, il ceffa fes fonctions, c'eft-à-dire, fouleva les fujets contre le Roi ; car lorfque la Juftice ceffe, la guerre eft déclarée entre le Prince & fes fujets.

La Bulle *Unigenitus*, dont le Parlement fe mêla, & dont il n'auroit pas dû fe mêler, caufa une autre fédition, la premiere fuffifoit pour renverfer l'Etat, la feconde le bouleverfa.

Sous les regnes précédens, le Gouvernement ne s'en étoit jamais pris aux Chambres affemblées, mais le mal étant devenu plus grand, & la France étant à la veille d'une fédition générale, la Cour exila tout le Parlement : elle fe crut obligée de châtier le Corps pour réprimer les Membres.

Comme dans les grandes crifes, tous les ordres profitent des troubles pour augmenter la révolution, les Avocats dont on n'avoit prefque jamais entendu parler depuis l'établiffement du Parlement, fe fouleverent à leur tour. Ils prétendirent avoir le droit de fe former en Corps, & d'avoir celui d'expliquer les Loix du Royaume. Le Procès eût bientôt fini ; il fuffifoit de remonter à l'origine de leur profeffion, mais il n'étoit pas tems d'en commencer. D'ailleurs il étoit dangereux de s'en prendre à des gens qui, n'ayant d'autre revenu que celui de l'éloquence, pouvoient prouver ce qu'ils vouloient. En fignant la paix avec les Avocats, on leur accorda pour article préliminaire le titre d'*Ordre*, au lieu de celui de *Corps* qu'ils portoient auparavant. Ce n'étoit pas la peine de faire la guerre avec ces gens-là pour fi peu de chofe. Si dans celles qui caufent tant de maux à l'Europe, on vouloit changer certains mots fur lefquels on ne s'accorde pas ; on verroit moins de flots

de fang inonder la terre ; car ce font toujours
les noms qui font mal aux chofes.

En même-tems que le Parlement déclaroit
la guerre à la Cour, il la faifoit auffi aux
Evêques ; car il falloit bien que la Religion
s'en mêlât ; fans quoi quelque Médiateur eût pu
terminer les autres difputes, au lieu que celle-
ci par la nature des chofes peut devenir éternelle, parce qu'elle traite de l'éternité. Il y
a long-tems qu'on a dit que pour avoir la
paix dans le Gouvernement Civil, il falloit
impofer filence fur le dogme ; mais il y a
encore plus long-tems qu'on n'en fait rien.

Ce Tribunal qui étoit prefque tout Jan-
fénifte, donna des Arrêts contre les Evêques.
Il leur ordonnoit de fa pleine autorité de ne
pas forcer les mourans à l'acceptation de la
Bulle. La France fut témoin alors d'un fpectacle fingulier. Elle vit environ cent-cinquante
jeunes Confeillers ou Préfidens qui ignoroient
jufques aux noms qui entroient dans cette fa-
meufe difpute, décider juridiquement de ce
qu'ils n'entendoient pas, & ordonner aux premiers Théologiens d'obéir à leur ignorance.

Outre tous ces grands procès qui tendoient
à troubler l'ordre public, ce Corps en fufci-
toit d'autres, qui pour être d'un Ordre infé-
rieur, ne tendoient pas moins à fufciter une
rébellion générale.

L'Ordre des Avocats qu'on avoit cru rendre tranquille, ne l'étoit pas ; car c'eft une
maxime dans les Etats Monarchiques dont
les Rois ne devroient jamais fe départir, de

ne point négocier avec des Corps de Repréfentans ; car lorfqu'ils font venus une fois à
un accommodement avec le Prince , ils fe re-
gardent comme leur égal. Il faut ordonner,
jamais traiter; car c'eft la nature de ce Gouvernement. Les Avocats à qui on avoit accordé un point , en demanderent bientôt un
autre : on le leur refufa , & ils cefferent de
plaider. C'eft-à-dire que de leur chef ils interdirent le Parlement ; car par un abus qui
s'eft gliffé par-tout dans la légiflation (ex-
cepté chez les Turcs) on ne peut plus fe
paffer de ces gens-là dans les Tribunaux. On
en exila onze ; ce qui donna plus d'autorité
à ce Corps, qu'on mettoit au niveau du Parlement , en le traitant comme lui.

. Les Chambres qui auroient pu remédier à
ce nouveau trouble, en ordonnant aux Avocats par un Arrêt de plaider comme auparavant, fe garderent bien de le donner ; ils
vouloient maintenir la divifion. C'étoit un
bon moyen pour eux de prévenir l'adminiftration de la juftice fans que la Cour pût les
accufer de prévarication.

Des difputes on paffa aux faits. Des Députés du Parlément en 1731 , réfiderent à la
Cour pour forcer le Roi à écouter leurs repréfentations. On fut obligé de les forcer à
fe retirer. L'Abbé Pucelle parla au Cardinal de Fleuri dans les termes d'un rebelle.
La modération de ce Miniftre empêcha qu'on
ne le punît : autre faute d'Etat. Rien n'eft
plus dangereux dans le Gouvernement Mo-

narchique que ces licences de la part des fujets ; lorfqu'elles font impunies , elles préparent prefque toujours les rébellions : c'eſt que
la foumiſſion , & l'obéiſſance en font le fou-
tien. Lorfqu'elles manquent , l'Etat n'a plus
de Protecteur.

Les menaces & les châtimens de la Cour
pour faire rentrer le Parlement dans fon devoir , furent fans nombre. Je ne finirois point ,
fi je voulois rapporter ici tous les Arrêts que
le Cardinal Miniſtre fit caſſer qui tendoient
ouvertement à la rebellion. La poſtérité faura
avec étonnement qu'il fallut annuller & mettre au néant plus de deux cens Ordonnances
qui fouffloient le feu de la difcorde , & dont
le deſſein étoit d'infpirer du mépris pour le
Roi & fon Conſeil. Des Hiſtoriens ont reproché à quelques-uns de nos Monarques d'a-
voir ufé trop defpotiquement de leur autorité ; mais lorfqu'on voit la douceur & la modération avec laquelle Loüis XV en ufa avec
ce Corps , prefque toujours féditieux & empor-
té , on a lieu d'être étonné de fa clémence envers ce Tribunal , qui ne tendoit pas à moins
qu'à forcer le Sceptre dans fes mains.

Le Parlement reçut un ordre exprès du
Chancelier d'Agueſſeau de ne fe mêler jamais
des affaires de la Religion , & il s'en mêla
toujours ; ainfi chaque jour étoit marqué par
une nouvelle défobéiſſance. Quelques Auteurs
ont loué ce Tribunal d'avoir entré dans cette
querelle de parti ; ils auroient mieux fait de
le blâmer. Il ne convenoit pas à des Jurifconfultes

fultes de fe transformer en Théologiens, &
de faire une efpece de Concile de leur Tribunal. On a dit dans quelques Mémoires du
tems qu'ils intervenoient dans cette affaire
comme Juges civils qui avoient le droit de
chercher la tranquillité publique ; mais il eft
clair qu'ils la troubloient, & que leur filence
l'eût rétablie. La police civile a fes bornes ;
elle finit là où le droit des peres de l'Eglife
commence, & tandis que dans les difputes
entre les Théologiens, on ne s'en tiendra pas
à cette maxime, le Gouvernement politique
& civil fera dans le défordre & la confufion.
Je ne dis point ici des chofes vagues ; elles
font fondées fur le droit des gens, des Rois
& des Princes de l'Eglife. Je n'ignore point
les fubtilités qu'un Corps politique peut employer pour s'arroger une autorité qu'il n'a
pas ; mais encore une fois, lorfqu'on n'établit
point des principes & qu'on s'écarte des maximes fondamentales, alors tous les raifonnemens ne font que des paroles.

Le Roi rappella les Avocats, fans lefquels
il n'y avoit plus de juftice, parce que tous
les Procès étoient fufpendus. Il défendit au
Parlement les Députations, qui fans avoir
égard à cette défenfe les continua toujours ;
car il avoit pour maxime de n'obéir jamais. Il eft
mémorable dans notre Hiftoire moderne que
Louis XV, ayant déclaré qu'il évoquoit au
Confeil toutes les affaires Eccléfiaftiques, ce
Corps perdit tout-à-fait le refpect qu'il devoit au Roi. Il déclara en termes formels

G

& féditieux qu'il n'adminiftreroit plus la juftice, c'eft à-dire qu'il renverferoit le Trône
par une rebellion ouverte. Malgré les ordres
qui venoient de lui être fignifiés, il envoya
plufieurs de fes Membres à la Cour. Le premier Préfident voulut parler, le Roi le fit
taire. Mais le Monarque ne gagna rien en
fermant la bouche au Parlement, il déclara
par écrit qu'il étoit toujours rebelle. L'Abbé
Pucelle, dont le Parlement fe fervoit pour
échauffer les efprits, eut la témérité de
lui préfenter dans un long papier la délibération de la Cour. Le Roi la prit, & la fit
déchirer par le Comte de Maurepas. Il falloit bien que cette Compagnie eût irrité ce
Monarque, pour l'obliger à donner cet ordre à fon Secrétaire d'Etat, Louis XV étant
le Prince le plus doux & le plus modéré qui
ait jamais occupé le Trône de France.

L'Abbé Pucelle & le Chancelier Titon, qui
avoient été emprifonnés à caufe de cette derniere Députation, & qui méritoient quelque
chofe de mieux, donnerent lieu à une nouvelle, par laquelle le Parlement prétendoit
qu'ils n'étoient pas de bonne prife. Un Ita-
lien qui étoit alors à Paris dit, *è vero che
fono mal prefi, perchè bifognava prenderli per
il collo.*

Pour réponfe on prit ceux qui repréfen-
toient que leur Collegues n'étoient pas bien
pris.

Le feu du Parlement en alluma un autre
dans le public. Les efprits s'aigrirent, ces

gens oififs firent des fatires; efpece de rebellion d'autant plus dangereufe, qu'elle tend
à infpirer du mépris pour le Gouvernement.

Des libelles on paffa à la raillerie. Le Parlement permit qu'on chanfonnât la Cour &
la Ville, & qu'on mit par-là en dérifion l'autorité Souveraine, ce qui tendoit à l'affoiblir.

Jufques-là le Parlement n'avoit cherché
d'être rebelle que contre le Roi; ici il le devint envers Dieu. Il s'oppofa à la canonifa-
tion de Vincent de Paule, par la Bulle de
Benoit XIII, ce qui fit dire aux plaifans de
Paris que les Chambres affemblées pouvoient
bien fermer les portes du Parlement, mais
non pas celles du Ciel. Toutes ces petites
chofes faifoient tort aux grandes, & prépa-
roient de loin la Monarchie à une révolution. C'eft ainfi que les Gouvernemens s'affoibliffent, & que les diffentions domeftiques
font plus de tort à l'Empire que les guerres
civiles; au moins celles-ci préparent les vertus, au lieu que ces querelles ne donnent
que des vices. Auffi tous les ambitieux qui
ont voulu s'emparer de l'autorité fuprême,
ont commencé par femer ces divifions entre
les Citoyens, qui occupés de leur prévention
particuliere, abandonnent l'Etat à lui-même.
C'eft ce qu'éprouva la France en 1741, lors
des démêlés entre les Couronnes; les efprits
étoient fi aigris par les divifions entre la Cour
& les Parlemens, qu'ils ne fe prêtoient qu'en
murmurant aux dépenfes extraordinaires des
guerres, & il falloit que la préventiont fût

bien grande. Il n'y a point de peuple plus foumis dans l'Univers que le François.

Les befoins de l'Etat ayant exigé le ving- tieme & des rentes fur les poftes ; le Parle- ment, qui avoit pour maxime de s'oppofer à tout, s'y oppofa, & de nouvelles divifions fe formerent dans l'Etat ; lorfque l'ambition a gagné une fois une Compagnie de Magif- trats, elle fe mêle de tout. La poftérité lira avec étonnement dans les mémoires de notre fiecle, que le Parlement, après avoir voulu gouverner la Cour de Verfailles, ait encore cherché à diriger l'Hôpital de Paris. On fait que ces fondations de charité font dirigées d'un côté par l'aumône des fideles, & de l'autre par le Spirituel des Evêques. Ce Corps voulut faire les fonctions de l'un & de l'au- tre. On ne rapporte ces minucies que pour faire voir le defpotifme qu'il cherchoit à exer- cer fur tout.

De l'Hôpital, le Parlement paffa au Ta- bernacle. Il s'affembla juridiquement pour or- donner qu'on fît porter la Communion à un malade. (1) L'Archevêque de Paris lui dé- clara que cette adminiftration étoit de fon ref- fort, mais il prétendit que c'étoit du fien. Les deux partis écrivirent chacun de leur côté pour établir leurs prétentions, & ce ne fut pas un petit fpectacle pour l'Europe Chré- tienne de voir des Juges établis pour juger

_____

(1) C'étoit au fujet des appellans de la Bulle *Uni- genitus.*

les Procès , juger l'adminiftration des Sa-
cremens.

Le Clergé fe plaignit hautement de la liberté que ce Tribunal prenoit de mettre la
main à l'encenfoir. Ces murmures de part &
d'autre n'avoient d'autre effet que d'aigrir les
efprits , & de troubler la France. Cependant
le Parlement jouiffoit d'une fecrete fatisfaction. Son deffein étoit de jouer le premier
rôle à la Cour , à la Ville & même dans l'E-
glife. Il avoit fes émiffaires à Verfailles , des
intriguans à Paris , & un grand nombre de
Moliniftes dans le refte du Royaume. Ces
débats tendoient encore une fois à une fédition ouverte. Et bien en valut à la France
que les guerres qui fuivirent, calmerent un
peu ces divifions domeftiques , fans quoi cette
vafte Monarchie , qui eft le centre de la force
& de la puiffance politique de l'Europe , eût
éprouvé une Anarchie univerfelle. Belle leçon qui apprend aux Souverains à ne pas laiffer prendre une trop grande autorité aux Tribunaux particuliers. Le feu qui commence
d'abord par quelques étincelles , finit par un
embrafement général.

Cependant voyons le refte des entreprifes
du Parlement. Le Roi lui ordonne de ne pas
fe mêler des affaires Eccléfiaftiques. Il refufe
formellement d'obéir à fes Arrêts ; renouvelle les procédures contre les Prêtres , &
fait arrêter perfonnellement les Curés dans
leurs Paroiffes par fes huiffiers.

On lui repréfente qu'il va caufer un fchifme

dans l'Etat ; il répond que ſes droits vont avant tous les autres , & qu'il faut que tout périſſe avant qu'il les abandonne.

Il donna un Arrêt qui ſervit de billet de Confeſſion , ou que pluſieurs regarderent comme pouvant ſervir de billet de confeſſion. Ce qui fit dire aux mauvais plaiſans , que le Parlement de Paris donnoit l'abſolution en gros , & que les Chambres Aſſemblées avoient élu le premier Préſident grand Pénitencier du Royaume. Toutes ces plaiſanteries n'a- voient d'autre effet que de tourner la Reli- gion en ridicule , & de mettre une licence dans les mœurs , dont la corruption ſe ſervoit pour augmenter le ſcandale.

Pendant ces débats , le Parlement ceſſa toutes ſes fonctions ; il ne donna de ſenten- ces que contre les Miniſtres des Autels ; il fit mettre en priſon les Porte-Dieu , ſaiſit les revenus des Paſteurs ; chaſſa les Prêtres , & bannit les Curés.

Il fit brûler pluſieurs mandemens des Evê- ques. Les railleries continuoient. On appelloit ces feux , *les feux de joie* ; mais les gens de bon ſens les regardoient comme des feux qui en cauſant un incendie général , pouvoient faire naître une triſteſſe univerſelle. Les au- tres Parlemens du Royaume imitoient celui de Paris.

Ce Tribunal alla juſques-à ôter le tempo- rel de l'Archevêque de Paris. Le Roi lui donna main levée , mais il n'eſt pas moins vrai qu'il avoit ordonné par un Arrêt la ſaiſie de ſes revenus, ce qui étoit contre le droit des gens du Clergé

On vit un grand nombre de libelles publiés dans le Royaume. C'étoit à qui crieroit le plus haut. Le Parlement ne faifoit brûler que ceux qui étoient contre lui, il favorifoit ceux qui étoient de fon parti, & en permettoit la vent. Il ne foupçonnoit pas alors que cette même licence caufero it un jour fa perte, & que les efprits éclairés par ces mêmes débats, en découvrant fes deffeins, feroient les premiers à prouver fa ruine. C'eft ainfi que les Corps ambitieux s'abufent en prêtant eux-mêmes des armes à ceux qu'ils voudroient affoiblir.

Cette difpute qui caufoit tant de troubles à la Cour & à la Ville ne fe bornoit pas à Paris. De la Capitale elle paffa dans les Provinces, d'où elle s'étendit dans tout le Royaume. Rien n'eft plus dangereux pour le Gouvernement que la maffe des fujets s'intéreffe aux diffentions qui s'élevent entre les Corps politiques. La Monarchie étoit remplie de difputes fur la Religion. On ouvroit l'Evangile : on citoit continuellement les Peres de l'Eglife, & on les citoit prefque toujours mal. Saint Auguftin étoit dans la bouche des femmes & des enfans. La prédeftination, le libre arbitre, & la grace efficace étoient le fujet des converfations ordinaires. Ces fubtilités, au lieu de rapprocher les deux partis au dogme, n'avoient d'autre effet que de les en détacher; chacun fe faifoit un culte à fa mode. Un Mufulman, qui parcouroit alors le Royaume, dit : *Les François parlent tant de Théologie, qu'à la fin ils n'auront plus de Religion.*

Quoique le Roi, comme on l'a vu, eut défendu plufieurs fois au Parlement les repréfentations, il défobéiffoit continuellement en repréfentant toujours. La Cour prit le parti de lui ordonner de faire des articles préliminaires dans les repréfentations ; on voit par-là qu'il agiffoit avec ce Tribunal comme avec un ennemi C'étoit le moyen d'allonger la querelle, au lieu de l'éteindre. Ces préliminaires prirent à la fin la forme des repréfentations ; ce qui remit les chofes dans le même état où elles étoient auparavant. Les difputes recommencerent plus vivement que jamais. Dans ces occafions il ne faut point des remedes palliatifs. Comme le mal eft dans la racine, il faut la couper. Si une telle querelle s'étoit élevée en Pruffe fous le Regne du dernier Monarque, elle eût été étouffée dès fa naiffance ; Fréderic auroit fait pendre les plus obftinés ; il auroit envoyé des grénadiers aux autres, & l'affaire fe fût terminée militairement.

Comme le Parlement ceffoit à tout moment fes fonctions, il falloit à tout moment des lettres de juffion pour les lui faire reprendre. On ne parloit à la Cour que de cette affaire. Cependant les autres languiffoient. C'eft un malheur attaché à l'efprit de parti, qu'il fufpend toutes les fonctions de l'ame. On n'eft occupé que de l'objet qui le fait naître : paffe que le peuple qui ne fait qu'une chose, & qui ne la fait jamais bien, se prévienne ; mais le malheur est que les Ministres alors deviennent peuple. On vit des Secrétaires d'Etat s'occuper du soin de faire signer la Bulle *Unigenitus* à des Religieuses qui demandoient à leurs Supérieurs que vouloit dire *Unigenitus*. Plusieurs même furent enlevées de leur Couvent, parce qu'elles n'entendoient pas ce mot.

En voyant ces scènes se passer au milieu d'un Royaume le plus éclairé de l'Europe, ne pourroit-on pas soupçonner que l'esprit & le savoir ne sont propres qu'à troubler l'Etat. On a déjà lu une de mes réflexions sur la révolution qui s'est faite dans l'esprit humain, voici encore deux mots sur ce sujet : je ne prétends point que ce ne soit pas un bien pour un Etat que d'avoir des savans, mais je dis que c'est un mal de le permettre à ceux qui, par leur état, ne devroient pas l'être. Si on divise la Société Civile en vingt classes, on en trouvera dix-neuf qui, par la nature du Gouvernement, sont condamnées au silence & à l'oubli. La Société & la tranquillité publique l'exigent ainsi. Demander raison de cette servitude de l'esprit de tant de Citoyens, c'est s'en prendre à l'institution même qui l'a établie pour la subordination générale, sans laquelle il ne sauroit y avoir de République. Un peuple composé de génies médiocres ne voit qu'une chose qui est celle d'obéir à ceux qui le gouvernent. Une Société plus subtilisée en voit une de plus, je veux dire, de

fe fouftraire à cette domination. Une République formée de favans, feroit le plus malheureux de tous les Gouvernemens. Quel eft
le Légiflateur aujourd'hui qui pourroit donner des loix à une Société Civile compofée
de Voltaires, d'Helvétius, de Rouffeaux, de
Frérons, de Marmontels, & une foule d'autres beaux génies qui fe déchirent continuellement, & qui au milieu de la paix de l'Europe ont entre-eux une guerre ouverte. Je
croirois volontiers que tant d'Académies qui
fe font élevées depuis cent ans en Europe,
font contraires à cet efprit de pacification que
les premieres inftitutions ont cherché à établir, & que les Souverains font allés au-delà
de leurs vues en protégeant trop ces établiffemens. Sans compter les divifions que les
fciences ont occafionné dans l'efprit humain,
ces Ecoles ont affoibli le Gouvernement Civil, des Citoyens qui devroient fe livrer aux
arts méchaniques, s'adonnent aux fciences
fpéculatives, l'induftrie fe tourne du côté des
livres. Une foule de Marchands fe font
Ecrivains.

Les Miniftres des Couronnes font embar-
raffés aujourd'hui de cette foule de Citoyens,
qui ont abandonné leur premiere profeffion
pour s'adonner aux Lettres. Encore une fois,
je ne prétends point ici me rendre le Protecteur de l'ignorance publique. Toutes les ex-
trémités font vicieufes. Un peuple qui ne fait
rien, devient barbare. Un peuple qui fait
trop, devient rebelle. Il faut que les dernieres

claſſes ſoient inſtruites dans les arts , & que les premieres le ſoient dans les ſciences , parce que , lorſqu'elles reſtent dans de certaines bornes , elles deviennent le plus ferme appui du Gouvernement.

M. de Monteſquieu prétend que le bonheur d'un Etat eſt dans la médiocrité des talens , & celle des fortunes. Ce grand homme dit en peu de mots tout ce qu'on peut dire de mieux en politique.

Le Parlement après s'être oppoſé ouvertement aux vues de la Cour , avoit encore un autre coup d'autorité à frapper. Il s'agiſſoit de diminuer l'autorité du Clergé. Ce Tribunal rencontroit toujours les Evêques de France ſur ſes pas. Celui de Paris ſur-tout s'oppoſoit à ſes vues. Ce Corps déclare au Roi qu'il ne veut point céder au Gouvernement Eccléſiaſtique ; que ſes droits ſont ſupérieurs aux ſiens , c'eſt-à-dire en d'autres termes , que l'Egliſe eſt de ſa juriſdiction. On lui ordonne de ne point ſe mêler du ſpirituel ; il annonce qu'il ne peut pas obéir.

Le Roi aſſemble un grand Conſeil. On expédia des lettres de cachet pour tous les Membres du Parlement. Les Mouſquetaires galoppent tout Paris pour faire partir les exilés. Les uns ſont eſcortés, les autres ont la permiſſion de ſe retirer.

Lorſqu'on fait attention à cette longue ſuite de Lits de Juſtice, de Conſeils, de délibération, d'Arrêts, d'Ordonnances, de Lettres de cachet, de priſes au corps pour ſoumet-

tre des fujets, qui par leur défobéiffançe formelle troubloient l'Ordre de la Police générale, on ne peut qu'admirer la douceur & la
patience de Louis XV, qui pouvant d'un
feul mot renverfer ce Tribunal & exterminer
les Juges qui le formoient, temporifoit avec
eux dans l'efpérance de les ramener à leur
devoir.

La grand-Chambre avoit été exceptée de
cette derniere punition. Comme fes Membres
tenoient à la Cour par des penfions, & que
d'ailleurs la plupart étoient dans cet âge où
l'efprit eft le plus flexible; on avoit efpéré
qu'ils feroient moins défobéiffans. Mais cette
Chambre s'étant affemblée, elle fe fentit faifie
du même efprit de rebellion. Ses Membres
déclarerent qu'ils vouloient fubir le même
fort que leurs Confreres, & ils furent relé-
gués à Pontoife.

Cependant il falloit que la Juftice fût ad-
miniftrée, & elle ne l'étoit pas. Le Parlement du fond de fon exil cabaloit toujours :
de maniere qu'un criminel, qui dans ces
tems-là avoit été condamné à mort, ne fut
point exécuté, parce qu'il ne fe trouvoit alors
aucun Tribunal exiftant pour le faire pendre.

Les autres Parlemens de Province fuivoient
l'exemple de celui de Paris, & la confufion
devint générale dans le Royaume.

De ce mal, qui le diroit? Il réfulta quelques biens, plufieurs Procès furent terminés
par des arbitres, d'autres accomodés à l'a-
miable; un affez bon nombre ne commen-

cerent pas faute de Juges pour les finir, ce
qui fit foupçonner de loin qu'on pourroit fe
paffer de ce grand nombre de Tribunaux &
de gens de loi qui augmentent celui des Procès ; grand point de légiflation que la politique devroit enfin examiner, & fur lequel il
feroit tems de délibérer. Rien ne feroit plus
avantageux à la Société civile que des réglemens utiles fur cette premiere branche de
l'adminiftration.

Cette matiere eft trop compliquée, elle de-
manderoit un ouvrage à part; je ne l'exami-
nerai ici que fous quelques points de vue
généraux, qui ont échappé jufques-ici aux
Auteurs économiques.

Toute cette Claffe d'hommes qui compofe
ce que nous appellons aujourd'hui le Barreau, ainfi que celle des Auteurs s'eft formée
au dépens de l'Agriculture générale. Plufieurs
millions de bras ont été dérobés à la culture
des terres, & comme leur production forme
la fubfiftance commune, & que celle-ci eft
la mefure jufte du nombre des hommes, la
population a diminué dans la proportion du
vuide qui s'eft formé dans le travail des campagnes On ne peut dérober un Citoyen à
l'Agriculture fans faire périr le germe d'un
autre homme : ceci peut fe démontrer.

Les Campagnes font défertes, tandis que
les Tribunaux font remplis de Juges & de
Plaideurs.

La Magiftrature chez nous s'eft multipliée
au point qu'on ne trouve rien de femblable

chez les Anciens. On voit des affaires qui
par les appels d'un Tribunal à l'autre, ont
été jugées & rejugées devant deux cents Juges.

Il n'y a point de procès aujourd'hui où il
ne faille le Solliciteur, le Procureur, l'Avocat confultant, l'Avocat plaidant, l'Avocat parlant, l'Avocat interrompant. A la
queue de ceux-ci marchent le Notaire, le
Greffier accompagnés de leurs gens de plume.

Ce n'est pas tout, à la fin du Procès on
voit paroître ceux qui fignifient les fentences,
Arrêts ou Ordonnances, comme Huiffiers,
Sergens & autres animaux de même efpece,
dont le nombre ne finit point. De maniere
que dans une Cour Souveraine fur le pied
actuel des chofes, il ne faut pas moins de
quarante mille fuppôts de Juftice pour admi-
niftrer la Juftice. Ce font quarante mille Citoyens qui mangent un pain qu'ils devroient
cultiver. Les réflexions naiffent ici de toutes
parts, je ne ferai que celle-ci : la profpérité
d'un Etat dépend de la Balance des profeffions qui lient toutes les parties de la Société
civile; lorfque les unes prennent trop fur les
autres, comme il n'y a plus d'équilibre dans
l'économie publique, le Gouvernement politique eft perdu.

L'induftrie & les Arts ont fouffert dans la
même proportion. Depuis le Barreau, la main
d'œuvre a dégénéré. La plupart des Artiftes
ont été tranfplantés dans les Villes. La plume
a gâté les métiers. Ceux qui devroient faire
des Draps, font des rôles.

Le dérangement des Finances part du même principe. Depuis l'établiffement des Jurifconfultes & fes adhérens, la circulation de l'efpece a pris un autre cours. Une fomme immenfe eft détournée au profit des gens de loi. Le tréfor de l'Etat paffe par un canal qui deffeche l'abondance publique.

Pour que le numéraire, qui forme la richeffe générale, produife l'abondance ; il faut qu'il foit reparti dans une proportion relative, fans quoi les Arts fleuriront d'un côté & languiront de l'autre, & l'induftrie publique n'aura plus cette activité d'où dépend l'abondance univerfelle.

Rien de plus coûteux que de plaider, & rien de plus ruineux que de gagner un procès. L'affaire eft toujours perdue avant d'être jugée : de quelle maniere que les Juges fe décident, la fentence eft toûjours en faveur des Avocats. Les Jurifconfultes vendent leurs confeils au prix de l'or, & font acheter bien cher ce que l'Inftitution ordonne de donner à bon marché : tyrannie qui détruit l'ordre public, parce qu'il ôte aux pauvres les moyens de fe faire rendre juftice & donne aux riches des reffources pour la violer.

La plupart de grands Tribunaux font établis dans les Capitales, où les Plaideurs font obligés de fe tranfporter à grands fraix pour fe faire juger. Ce font autant de gouffres où tout l'argent de l'Etat va fe perdre ; cette difpofition des chofes fait naître un autre inconvénient. Des profeffions inutiles fe for-

ment dans les Villes, & celles-ci diminuent
les Arts néceffaires dans les campagnes.

Comme le luxe fubfifte toujours malgré
l'inégalité des richeffes, les cantons qui ont
perdu leur induftrie, ont recours à ceux qui
la font valoir : nouvel épuifement qui acheve
de les appauvrir.

La plupart des Gouvernemens ont cherché
à prévenir cet abus en taxant les rôles, mais
l'avarice des gens de loi a fu éluder la loi.
L'adminiftration taxe toujours les Avocats,
& les Avocats taxent toujours les parties.

De ce nombre prodigieux de fang-fues qui
vivent du Barreau eft née la chicane, ce
monftre à cent têtes, qui a pour pere la
fraude & pour mere l'injuftice.

L'interprétation des Loix eft une chofe
très-fimple, elle demande moins de lumieres
que de probité, plus d'équité que de favoir.
Il eft vrai que la Société étant aujourd'hui
plus compliquée, les procès font devenus plus
difficiles, mais ce n'eft pas la difficulté des
affaires qui embaraffe les Juges, c'eft la difficulté qu'y mettent les gens d'affaires.

On voit des Procès qui ont commencé le
fiecle paffé, & qui ne finiront que dans les
fiecles à venir; abus qu'on ne vit point dans
les autres âges du monde. On accufe l'Empereur Juftinien d'avoir vendu les Loix & la
juftice, mais lorfqu'on avoit payé, elle étoit
rendue, au lieu que l'argent que nous don-
nons eft pour qu'elle ne le foit pas.

On s'eft épuifé en raifonnemens dans les
livres

livres de droit fur les précautions qu'il faut apporter pour que la juftice foit rendue avec cette équité qui forme fon caractere, & à caufe de cela, on l'a chargée de formalités fans nombre ; les Jurifconfultes l'ont noiée dans une mer de diftinctions auffi fubtiles que contradictoires, d'où les Juges n'ont pu la retirer. Qu'une fentence foit injufte, par cela feul qu'elle a été donnée à la hâte, & dépouillée de formalités ordinaires, l'inconvénient eft moins grand qu'on ne le croit, le Gouvernement Civil y gagne tout ce que les fujets y perdent.

En Turquie où il n'y a point de Barreau, il ne nait prefque point de Procès, l'Etat abîmé d'ailleurs par fon defpotifme, y jouit de cette tranquillité civile, qui eft l'effet du meilleur Gouvernement. Le Vifir fait diftribuer à fa fantaifie des coups de bâton fur la plante des pieds des plaideurs, & les renvoie chez eux. Cette fentence injufte prévient les mauvais effets de la juftice, elle tranquillife l'ame & apporte la paix dans les familles.

Un grand Jurifconfulte a dit que les dépenfes, les dangers, & les longueurs même de la juftice, font le prix que chacun paye pour fon bon droit. Cela feroit en effet ainfi, fi ces dépenfes & ces longueurs éclairoient les Juges, mais elles font un effet tout contraire, n'y ayant rien de fi embarraffant pour un Tribunal qu'un Procès commencé depuis dix luftres. Je fais bien que des gens frappés de cette idée que les connoiffances générales s'é-

H

tant perfectionnées, les Tribunaux ont dû être
plus éclairés, aussi nos Avocats sont devenus
très-éloquens. Ce sont ces connoissances qui
ont ruiné les procédures. Depuis que l'art
oratoire s'est présenté au Barreau avec toute
la pompe du savoir, qu'elle a substitué les mots
à la place des choses, qu'elle n'a cherché
qu'à briller, & qu'à éblouir les Magistrats
par un éclat trompeur, tout a été équivoque
dans les affaires. Les Juges sont si fort dé-
routés aujourd'hui par l'éloquence des Avocats, qu'ils ne savent plus où ils en sont. Ils
étoient plus sûrs de rencontrer la vérité, lorfqu'ils marchoient à tâtons dans la carriere
sombre des Procès, que lorsqu'on a payé à
grands frais des guides, pour les égarer ;
l'esprit contient toutes les convictions possi-
bles, un génie fécond, élevé dans le Barreau,
peut démontrer le pour comme le contre dans
le même dégré de probabilité. Mais dira-t-
on que deviennent les témoignages, les asser-
tions, les authenticités : bagatelles que tout cela.
Laissez faire ce qu'on appelle parmi nous un
grand Avocat, il saura bien nier les faits,
éloigner les preuves, dissiper les convictions,
car c'est par-là qu'il excelle dans sa profession, & qu'il acquiert cette réputation qui lui
donne la vogue parmi les plaideurs.

Si l'on pouvoit douter de l'influence qu'a
l'art de parler au Barreau, il n'y auroit qu'à
faire attention à ce qui se passe tous les jours
au théâtre ; ce Pays de fictions où la scène
a un tel ascendant qu'elle arrache des lar-

mies, ou nous difpofe à la joie, felon le caractere de la repréſentation, quoique nous
foyons perſuadés que c'eſt un menſonge con-
tinuel qui dure autant que la piece. Les ac-
teurs du Barreau ont le même aſcendant ſur
les Juges. Je ne dis pas qu'ils les corrom-
pent, mais feulement qu'ils les féduifent.

Les anciens étoient ſi perſuadés que l'art
de combiner les paroles, le ton, les geſtes,
l'émotion du viſage étoient féduiſans, qu'ils
défendoient de voir les orateurs. On a dit du
grand orateur de la Chambre des Communes
en Angleterre (1) qu'il avoit les dents belles, un ſon de voix agréable, & s'exprimoit
avec force, c'eſt-à-dire qu'il avoit l'art de per-
ſuader : on fent aſſez que ces réflexions ne
portent que ſur les gens de juſtice, & non
ſur la juſtice, qui ſainte & équitable par elle-
même, a des loix inviolables.

Peut-être que le monde moral y a autant
perdu que le Gouvernement économique. Depuis l'établiſſement de la chicane, les Villes
à Parlemens ſont remplies d'hommes inquiets
& turbulens. Il ſuffit de ſe donner le ſpecta-
cle de cette foule de plaideurs qui fréquen-
tent les Tribunaux de juſtice, ce ſont les Citoyens les plus corrompus de la République !
en effet, que de détours, que de ſubtilités,
que d'impoſtures, que de calomnies, que de
fraudes ! le portrait ſeul fait frémir. Qu'on

_____

(1) Monſ. Pitt.

H 2

compare cette Société avec une autre qui n'a rien à démêler avec les Avocats & les palais, on trouvera des hommes auſſi ſages & modérés, que les autres ſont fourbes & pervers.

Le Barreau en excitant les paſſions remue tous les reſſorts de l'avarice, il met un mouvement dans l'ame qui n'y étoit pas auparavant. Le déſir d'augmenter ſa fortune par une ſentence extorquée, ou de conſerver injuſtement un bien qu'on a acquis de même, a ouvert la porte à toutes les cupidités. Qu'on y faſſe bien attention, on trouvera en général que les plaideurs ſont de mal-honnêtes gens. Les hommes de bien préviennent les affaires où l'honneur perd toujours un peu de ſes droits. Il n'eſt pas impoſſible qu'il n'y ait des Procès de bonne foi, mais ſi une partie a de la probité, l'autre n'en a point : ainſi toutes choſes égales d'ailleurs, la moitié de ceux qui paroiſſent devant les Juges ſont corrompus.

Je ſupplie qu'on ne m'accuſe pas de faire ici une Satire contre ceux qui ſont à la tête de l'adminiſtration de la juſtice. Les Tribunaux ont conſervé leur première innocence, il ſeroit à ſouhaiter ſeulement que ceux qui les dirigent, ſe conduiſiſſent avec la même équité.

Je ne dirai plus qu'un mot. Une profeſſion fondée ſur le gain, avide de biens & de richeſſes, qui marche à la tête des Procès, & qui ſe voit toujours avant la juſtice, une profession entée sur les vicissitudes, qui n'est jamais bien que lorsque la Société est mal, qui tire sa subsistance des afflictions de la vie : une profession sombre & obscure qui seme les malheurs dans les malheurs, & appauvrit la misere même, est dangereuse dans la Société Civile. Je ne dis point que tous ceux qui l'exercent ne soient pas d'honnêtes gens, mais seulement qu'il y en a peu qui aient envie de l'être.

CHAPITRE XXIV.

Des avantages que la France retira par intervalles de ce premier Tribunal.

RIen n'est plus dangereux pour l'Histoire qu'un Auteur qui blâme toujours, & qui ne loue jamais. Pour éviter ce défaut trop commun aux critiques, après avoir vu les maux que le Parlement causa souvent à la France, il faut voir les biens qu'il lui fit quelquefois ; c'est de cette balance que dépend le jugement qu'on doit en porter.

Il est rare qu'un Corps politique soit tout-à-fait corrompu, & qu'il oublie entièrement ce qu'il se doit à lui-même & à l'Etat. La France vit des périodes où ce Tribunal reconnut ses véritables fonctions, & que dans ses usurpations mêmes il chercha l'ordre pu-

H 3

blic. Il y eut des tems où cette assemblée de Juges fit usage de son despotisme en faveur de la Couronne, & que si on peut lui reprocher d'avoir trop entrepris, ce fut pour le bien de l'Etat.

L'ancien Parlement de Paris étant composé de Juges qui ne connoissoient guere les loix, & encore moins les coutumes, permit qu'on introduisît au milieu d'eux des hommes instruits dans le droit, qu'on appella pour cela *Licenciés*. Et c'est une grande soumission pour un Tribunal que de permettre qu'on substitue des gens de Loi à la place de ceux qui avoient le dépôt des Loix. C'est déjà être Citoyen que d'avouer qu'on n'a pas les lumieres nécessaires pour juger d'autres Citoyens. Lorsque l'amour propre fait cette confession, il faut qu'il ait vaincu une foule d'autres préjugés.

Il permit à ces hommes éclairés d'instruire les Procès : on les appella du nom de *Rapporteurs*. Ils n'étoient pas Juges, mais ils instruisoient les Juges.

Lorsque les malheurs de la France obligerent ces Magistrats d'aller à la guerre, le Parlement qui auroit dû vaquer, continua. Les Jurisconsultes institués d'abord pour instruire les Procès, les jugerent, & de cette maniere la Police générale ne fut point interrompue : ce qui, vu la pente que tous les hommes ont à l'anarchie, mérite quelque louange.

Ce même Parlement qui jugea la premiere

Nobleſſe de la France, ne demanda point lui-même à être Noble. Lorſque les Etats-Généraux lui refuſèrent l'entrée de ſes aſſemblées, il leur céda.

Ce Tribunal ayant pu condamner le Duc d'Alençon, accuſé de haute trahiſon, ſuivant le conſentement que lui en donnoit Charles VIII, déclara à ce Prince que c'étoit à lui à le juger en perſonne, accompagné de ſes Pairs, & il le jugea; preuve encore qu'il y avoit des momens où il ne cherchoit pas à uſurper. Toute l'Europe ſait la cérémonie de ce Jugement, où toute la Cour aſſiſta en perſonne. Il fallut cependant en venir au Parlement pour réjuger cette affaire qui étoit tombée dans une ſorte de confuſion; ce qui eſt une nouvelle conviction que ce Tribunal apportoit un peu plus d'ordre que la Cour dans les grandes Procédures.

C'eſt à ce Corps que la France doit la reſſource des appels comme d'abus contre la Cour de Rome.

Il proteſta contre les aliénations des biens de la Couronne ſous Louis XI, mais il ne fit point de démontrances ſur l'adminiſtration publique, ni ſur l'état des Finances; aveu tacite par lequel il déclaroit que celles-ci n'étoient pas de ſon reſſort. Après la mort de Louis XI, Charles VIII étant dans cet âge où un Corps politique peut tout eſpérer, le Parlement ne fit aucune démarche pour augmenter ſon pouvoir. Au milieu des brigues d'une Cour orageuſe, il ne s'intrigua point.

Le Duc d'Orléans qui vouloit se faire Roi, leva des troupes. Il crut que pour monter au plutôt sur le Trône, il falloit mettre le Parlement de son parti. Il alla au Palais pour repréſenter qu'il étoit dans l'ordre qu'il gouvernât l'Etat par lui-même avec les Princes. Rien n'eſt plus modeſte ni plus digne de louange que la réponſe qu'il fit. *Le Parlement*, dit-il, *eſt pour rendre juſtice au peuple; la guerre & le Gouvernement du Roi ne lui appartenoient pas*. Ce Prince ayant laiſſé ſes démandes par écrit, ce Tribunal ne lui répondit point; ce qui lui attira l'eſtime de la Cour, & la conſidération de toute la France.

Dans les différentes guerres que Charles VIII fit au loin; il ne ſe mêla point des affaires d'Etat. Il laiſſa aux Généraux des Finances, (c'eſt ainſi qu'on appelloit alors les Intendans de cette adminiſtration) le ſoin des Finances.

Dans les emprunts que la Couronne fit dans les différens âges pour ſubvenir aux beſoins de l'Etat, le Parlement alla au-devant. Non-ſeulement il entra pour ſa quote-part dans les taxes générales, mais même il ſe taxa quelquefois ſeul.

On lit dans l'Hiſtoire de France que ſous le Regne de Louis XII, un des plus tumultueux, ce Corps n'eut aucun démêlé avec la Cour. Quoiqu'il ſe fut ſouvent mêlé des himens de nos Rois; il laiſſa cette fois ce Prince ſe démarier avec la fille de Louis XI, pour épouſer une de ſes anciennes maîtreſſes. Ce

Corps étoit compofé alors de Jurifconfutes Séculiers & Eccléfiaftiques ; les uns & les autres fages & éclairés.

On fait que le Pape Alexandre VI ayant envoyé en France Céfar Borgia avec une Bulle qui caffoit ce mariage, le Parlement au lieu de failir ce moment pour troubler l'Etat, alla en Corps au-devant de ce Borgia.

On fait auffi que ce même Monarque ayant donné la Duché Pairie de Nemours à un Seigneur de la Maifon de Clèves, le premier exemple qu'on en eut en France, le Parlement n'y mit aucune oppofition.

Lorfque Louis XII de fon chef & fans confulter aucun Confeil, donna une forme aux Parlemens de Normandie & de Provence ; celui de Paris n'en murmura point.

La Barriere que la Couronne mit entre la Nobleffe de Robe & celle d'Epée, excita bien quelques plaintes, mais elle ne caufa jamais des révolutions, époque qui démontre que ce Corps penfoit moins alors à lui-même qu'au bien de la Monarchie.

L'affaire du Concordat dans laquelle le Parlement entra avec une fermeté fage & refpectueufe, eft une preuve convaincante qu'il y eut des momens dans lefquels il envifagea feulement les intérêts de la France. Lors de ce même Concordat, c'eft-à-dire, dans le feu des divifions qu'il caufoit, le Parlement prit fagement le parti de le rejetter jufques à l'acceptation de l'Eglife de France : tempérament admirable pour pacifier les efprits, qui

dans les premiers momens font toujours prêts
à fe porter à des excès, mais qui reviennent
avec le tems.

Charles VIII qui fixa le grand Confeil à
Paris, le fit jouir d'un droit qui le rendoit
fupérieur à tous les Parlemens ; il connoiffoit
des évacations des caufes jugées par ces Corps
mêmes ; il régloit quelle caufe devoit être
jugée à un Parlement ou à un autre ; il caffoit les Arrêts dans lefquels il y avoit des
nullités, ce qui anéantiffoit en quelque maniere leur autorité, & tout cela fe fit par la
force de la chofe, & fans que le Parlement
de Paris s'y oppofât. Il eft vrai qu'on vît des
tems où ce premier Tribunal lui contefta fa ju-
rifdition, mais c'eft peu pour un Corps ambitieux de fe borner à des conteftations.

Lorfque François I, après la malheureufe
bataille de Pavie, eut promis à l'Empereur
Charles V, de démembrer les biens de la
Couronne, & de lui céder une Province entiere ; il ne confulta point le Parlement de
Paris, ni celui de Bretagne, qui étoit cette
Province que la Couronne devoit céder au
vainqueur. On ne trouve dans aucuns Mémoires de ce tems-là, que ces deux Tribunaux fe plaigniffent, ni même qu'ils repré-
fentaffent ; ce qui montre une réfignation entiere aux volontés du Prince.

On peut dire même qu'il y eut des tems
où fa foumiffion alla trop loin, & qu'il ne
fit pas même ufage de ce droit qu'il s'étoit
déjà approprié de Corps repréfentant.

Henri II, qui ordonna en plein Conseil un Duel entre *Jarnæ & la Chataigraye*, ne trouva aucune contradiction de la part de ce Tribunal, qui étant établi pour rendre la justice, sembloit devoir s'opposer à deux Particuliers, qui vouloient se la faire eux-mêmes les armes à la main, & non-seulement il ne se recria pas sur le fonds de cette sentence personnelle, mais même il ne s'opposa pas à la forme. On sait assez que les Cartels furent envoyés par des Hérauts d'Armes, & signifiés en présence de Notaires. Ainsi si on découvre des âges dans notre Histoire où le Parlement se mêla de tout ; il en est d'autres où il ne se mêla de rien.

Ceux qui connoissent l'Histoire de France, savent que le Cardinal de Lorraine qui présidoit au Conseil, dépouilla le Parlement de la seule prérogative que lui donnoit son Institution. Il établit un Tribunal Ecclésiastique pour juger les Procès extraordinaires qu'on faisoit aux protestans. C'étoit renverser d'un seul coup la Constitution fondamentale, & frapper sur les Loix mêmes.

Après la malheureuse révolution qui divisa la Religion Chrétienne en deux branches, dont l'une crut à la Messe, & l'autre la défavoua ; la France vit de loin l'orage qui la menaçoit. Catherine de Médicis à qui la plupart des Auteurs Historiques donnent assez volontiers le nom de mauvaise Reine, sembla néanmoins vouloir prévenir les maux qui paroissoient inévitables. Elle envoya un ordre à tous les Gouverneurs des Provinces, de pacifier autant qu'ils pourroient les troubles fur la Religion ; tempérament admirable pour étouffer dans leur naissance ces disputes, qui font dans les suites verser tant de sang. Cette déclaration défendoit expressément aux François de se servir des termes odieux d'Huguenots & de Papistes, qui seuls mettoient les armes à la main des deux partis, & faisoient la guerre à l'Etat, sous prétexte de Religion.

Le Parlement dans ce moment ne fit aucun mouvement pour s'opposer aux vues pacifiques de cette Princesse, d'ailleurs portée au trouble & à la confusion, & qui peut-être ne vouloit la paix dans les Provinces, que pour exciter la guerre à la Cour. Je ne cite cette anecdote que pour prouver combien ce Corps fut différent de lui-même dans le même âge, puisqu'on le vit bientôt prendre lui-même un parti contraire, comme il a été rapporté.

Ce fut sous les yeux du Parlement & par son aveu, que le célebre Légiflateur de l'Hôpital fit la fameuse Ordonnance de Moulins en 1566. (1) Elle est remarquable par son importance. C'est à elle à qui la France doit ses meilleurs réglemens. Il établit la jurisdiction consulaire à Paris, & dans les principales Villes du Royaume. Jusques-là l'in-

_____

[1] Le Parlement fit d'abord quelque difficulté d'enrégistrer cette Ordonnance, mais il céda à la fin.

duftrie publique languiffoit. Toutes les dettes étant civiles, les Débiteurs trouvoient
mille moyens dans les Tribunaux ordinaires
pour éluder les payemens. Les obligations
du Commerce font des contracts qui fe font
tous les jours, fans quoi la roue de l'induftrie s'arrête d'elle-même.

Cette même Ordonnance établit qu'il ne
feroit plus permis de redemander en juftice
des créances au-deffus de cent livres fans pro-
duire des billets ou des contracts; ce qui
prévint une foule de Procès injuftes. De toutes les loix, la plus falutaire eft celle qui va
au-devant de la chicane. Il n'y a plus d'ordre dans la République, lorfque les biens des
fujets ne font pas en fûreté. Il établit que toutes
les donations feroient enrégiftrées au Greffe,
ce qui leur donnoit une authenticité qu'elle
n'avoit pas eu jufqu'alors.

Les Meres qui fe remarioient, n'eurent plus
le pouvoir de donner leurs biens à leurs fe-
conds Maris. De-là il paffa à d'autres réglemens plus utiles encore, qu'il feroit trop long
de rapporter ici, entre-autre celui concernant
l'abolition des Confréries, qui fous prétexte
de Religion, fe livroient à la débauche; voilà
les beaux jours du Parlement dont la clarté pa-
rut quelquefois, mais qui furent prefque toujours obfcurcis par une fombre nuit.

F I N.

www.ingramcontent.com/pod-product-compliance
Lightning Source LLC
Chambersburg PA
CBHW052212270326
41931CB00011B/2319